meatless cuisine

meatless
cuisine

TIME
LIFE
BOOKS

Alexandria, Virginia

Time-Life Books is a division of Time Life Inc.

TIME LIFE INC.
Chairman and CEO   Jim Nelson
President and COO   Steven L. Janas

TIME-LIFE TRADE PUBLISHING
Vice President and Publisher   Neil Levin
Senior Director of Acquisitions and Editorial Resources Jennifer Pearce
Director of New Product Development   Carolyn Clark
Director of Marketing   Inger Forland
Director of Trade Sales   Dana Hobson
Director of Custom Publishing   John Lalor
Director of Special Markets   Robert Lombardi
Director of Design   Kate L. McConnell

MEATLESS CUISINE
Project Manager   Jennie Halfant
Technical Specialist   Monika Lynde

This edition first published in the U.K. in 1999 by Hamlyn
Octopus Publishing Group Limited
2–4 Heron Quays
London E14 4JP

Printed in China
10 9 8 7 6 5 4 3 2 1

Library of Congress Cataloging-in-Publication Data
Meatless cuisine: over 60 simple recipes for elegant home cooking.
    p. cm.
    Includes index.
    ISBN 0-7370-2056-3
    1. Vegetarian cookery. 2. Cookery (Seafood) I. Time-Life Books.

TX837 .M478 2000
641.5'636--dc21
                                        00-023458

Notes
1 Milk should be whole milk unless otherwise stated.
2 Fresh herbs should be used unless otherwise stated. If unavailable, use dried herbs as an alternative but only half the amount stated.
3 Pepper should be freshly ground black pepper unless otherwise stated; season according to taste.
4 Do not refreeze a dish that has been frozen previously.

This chapter features delicious soups, succulent appetizers, and fabulous snacks to tempt the appetite and set the taste buds tingling—from Zucchini Soup with Basil to Stir-Fried Garlic Mushrooms.

Warm and cold salads range from crisp and crunchy to rich and substantial. This chapter features marvelous main course salads for the summer and side dishes to serve all year round.

Meals in moments with perfect pasta and filling one-pot dishes with rice make this chapter the first to turn to for midweek family suppers and easy weekend lunchtimes.

Inspired by the cuisines of countries as diverse as Italy and Thailand, Morocco and India, these superb main course dishes are packed with flavor, color, and goodness.

From pizza to curry and from salmon to shrimp, the rich harvest of the sea offers a wealth of wonderful dishes that are quick and easy to cook—in the kitchen or on the grill.

contents

6

introduction

Changing Diet

In recent years, an growing number of people have altered their diet for health and ethical reasons. As we have become more aware of the food we eat and the effects that different products and produce have on our long-term health, we have adjusted our eating habits accordingly.

By cutting down on red meat and increasing our consumption of fresh vegetables, fish, and meat-free alternatives, there could be a wide range of benefits to our general health and well-being. In many cultures, a vegetarian diet is the norm, and as people become more aware of their diet and health, red meat is often reduced or cut from the diet completely.

Meat-Free Choice

Up until relatively recently, the vegetarian diner was often faced with an extremely limited choice from the average restaurant menu, and could frequently be offered only one option or perhaps a pasta dish with the meat omitted. Thankfully the situation has now vastly improved due to the greater numbers of vegetarian diners and, indeed, vegetarian restaurants, resulting in the development of more meat-free meals and a wider choice offered to vegetarians by most restaurants.

There has also been an increase in the awareness and availability of ingredients, since supermarkets and specialist shops offer an ever wider range of exotic fruit and vegetables, fish and seafood, and herbs and spices, and these have influenced both our knowledge of food and our cooking methods. Ingredients such as tofu and tempeh have also meant that non meat-eaters can now enjoy classic dishes without compromising on nutritional benefits and taste. Meat-free lasagne, chili, burgers, and sausages are now a common sight in the frozen food sections of supermarkets and have helped to increase the choice of products available for vegetarians as well as those who simply wish to cut down on the amount of meat that they consume, without becoming completely vegetarian.

Cooking Methods

Our greater understanding of the relationship between food and health has also led to changes in the way that we prepare and cook food, as well as the food that we choose to eat. For example, stir-frying and grilling have both gained popularity and the wok and grill pans are now a common sight in kitchens throughout the country.

Cooking in a wok is a low-fat cooking method, as well as being an extremely quick way to prepare a nutritious meal. Seafood is ideal for stir-frying and the combinations of fresh vegetables that can be used in stir-fries are virtually endless. Grilling is another cooking method that uses very little or no fat and is a particularly good way to cook fish, as the flavors are sealed in and then the food is cooked through, maintaining all the goodness. Grilling works well with marinated food and

"Our life is frittered away by detail. . .
Simplify, simplify."

Henry David Thoreau, *Walden*

can therefore be prepared in advance, with the flavors left to marinate for a few hours or during the day, and the food prepared in the evening, providing a greater scope for the use of spices and flavorings.

Fish & Seafood

Fish is low in fat, particularly saturated fat, and has a high trace mineral content so it is considered to be a healthy cooking ingredient. It is also extremely versatile and can be combined with a wide variety of flavorings, and works well with many herbs and spices. Fresh fish and seafood are also quick to cook and are therefore ideal for after-work meals or midweek entertaining, when there is perhaps little time to spend in preparation and cooking.

In *Meatless Cuisine*, the recipes have been selected to provide a variety of dishes for those who enjoy fish and seafood as well as vegetable dishes, but who have chosen either to cut down or eliminate meat from their diet.

Stock Recipes

Stock is an important ingredient in many recipes, and homemade stock is well worth the effort. It can be made in large quantities and then frozen in several containers until you need it.

vegetable stock

1 Heat the oil in a pot, add the garlic, onions, and leeks, and fry gently for 10 minutes. Add the carrots, potatoes, and celery, and fry for a further 10 minutes. Add the remaining ingredients, bring to a boil, cover, and simmer for 30 minutes.

2 Remove the pot from the heat and strain the stock, discarding everything left in the strainer. Cool, then cover tightly and chill in the refrigerator. Use the stock within two days.

¼ cup sunflower oil

2 garlic cloves, crushed

2 onions, roughly chopped

2 leeks, sliced

4 carrots, chopped

2 potatoes, diced

4 celery stalks, sliced

4 ripe tomatoes, roughly chopped

a heaped cup mushrooms, wiped

½ cup rice

1 bouquet garni

2 quarts water

Makes 1½ quarts
Preparation time: 15 minutes
Cooking time: 50 minutes

fish stock

1 Put the fish trimmings and water in a large pot. Add all the remaining ingredients, stir well, and bring to a boil, skimming off the froth as it rises to the surface. Lower the heat and simmer, partially covered, for 30–40 minutes. Do not simmer any longer than this, or the stock will be bitter.

2 Remove the pot from the heat and strain the stock, discarding everything left in the strainer. Cool, then cover tightly and chill in the refrigerator. Use the stock within two days.

1 lb. fish trimmings (bones, heads, tails, skins)

1 quart water

1 onion, quartered

1 celery stalk with leaves, coarsely chopped

1 bay leaf

1 parsley sprig

¼ teaspoon salt

6 black peppercorns

⅔ cup dry white wine

Makes about 1 quart
Preparation time: 5–8 minutes
Cooking time: 40 minutes

appetizers
& small
courses

1 Melt the butter in a large pot, add the garlic and onion, and cook over medium heat, until soft but not brown. Stir in the curry powder and then cook for a further 2 minutes.

2 Pour in the stock. Add the marjoram, bay leaf, beans, and potatoes, with salt to taste. Bring the mixture to a boil, then lower the heat, cover the pot, and simmer for 45 minutes, or until the vegetables are soft. Remove the bay leaf.

3 Purée the soup in a blender or food processor. Return the puréed soup to the clean pot. Stir well and heat gently, without boiling. Serve the soup in warmed bowls. Garnish each portion with a swirl of sour cream.

½ stick (¼ cup) butter

1 garlic clove, crushed

1 onion, chopped

1 tablespoon mild curry powder

1½ quarts Vegetable Stock (see page 9)

1 teaspoon chopped marjoram

1 bay leaf

3–3½ cups green beans, trimmed and cut into ½-inch pieces

2 medium potatoes, peeled and cubed

salt

⅔ cup sour cream, to garnish

Serves 6
Preparation time: 15 minutes
Cooking time: 50 minutes

curried green bean soup

1 Using a very shallow pan, poach the fillets gently in white wine for about 10 minutes, allowing the wine to reduce. Then pound the fish with half the butter, until smooth.

2 Melt the remaining butter in a pan, then remove from the heat. Stir in the flour and gradually add the fish stock, stirring continuously. Return the pan to the heat and bring to a boil, stirring continuously, then stir in the puréed fish. Season with salt and pepper and nutmeg to taste.

3 Just before serving, stir in the chopped parsley and fold in the cream. Garnish the soup with a few croûtons, to serve.

2 medium whiting or other lean white fish, filleted and skinned

¼ cup white wine

3 tablespoons butter

1½ tablespoons all-purpose flour

2½ cups Fish Stock (see page 9)

pinch of grated nutmeg

2 tablespoons chopped parsley

⅔ cup heavy cream, lightly whipped

salt and pepper

croûtons, to garnish

Serves 4
Preparation time: 5 minutes
Cooking time: 15 minutes

cream of whiting soup

■ To make croûtons, cut slices of bread into ½-inch squares. Heat 6-8 tablespoons olive oil in a large frying pan, add the bread and fry, turning, until evenly brown. Drain on paper towels.

roasted eggplant soup

1 Roast the eggplants under a preheated broiler for about 20 minutes, turning occasionally, until the skin is well charred and the flesh has softened. Let cool slightly, slit the skin, and squeeze the eggplants to remove the bitter juices. Cut the eggplants in half, scoop out the flesh, and chop.

2 Heat the oil in a pot over low heat, add the onion and garlic, and cook gently, without browning, for 5–6 minutes, until softened. Add the chopped eggplant and the stock, and cook for a further 10–15 minutes.

3 Purée in a blender or food processor, in batches, if necessary. Strain through a strainer and return to the clean pot to reheat. Season with salt and pepper to taste.

4 Mix the yogurt with the chopped mint, and season with salt and pepper, to taste. Serve the soup with a spoonful of the minted yogurt, and garnish each serving with mint sprigs, if you like.

2 lb. (around 3 medium) eggplants

3 tablespoons olive oil

1 red onion, chopped

2 garlic cloves, crushed

5 cups Vegetable Stock (see page 9)

1 cup plain yogurt

2 tablespoons chopped mint

salt and pepper

sprigs of mint, to garnish (optional)

Serves 4–6
Preparation time: 15 minutes
Cooking time: 40 minutes

zucchini soup with basil

1 Heat the oil and half of the butter in a large, heavy pot. Fry the chopped onion in the oil and butter over a low heat until golden, but not brown. Add the sliced zucchini, mix well, and cook over low heat for about 10 minutes.

2 Add the diced potatoes and stir over medium heat for 3–4 minutes before adding the vegetable stock. Bring to a boil, cover, and simmer over medium heat for 40 minutes. Blend the soup in a blender or food processor until it is smooth.

3 Place the chopped basil in a large bowl with the garlic, eggs, the remaining butter, and the Parmesan, then beat with a wooden spoon or whisk until thoroughly combined. Slowly pour the soup into the beaten egg mixture, and season with salt and pepper to taste. Return the soup to a clean pot and reheat gently.

4 Place a slice of bread in each soup bowl and pour over it the hot soup. Serve immediately, sprinkled with grated Parmesan, if you like.

¼ cup olive oil

2 tablespoons butter, softened

1 large onion, finely chopped

1½ lb. zucchini, sliced

2 potatoes, diced

1½ quarts Vegetable Stock (see page 9)

12 fresh basil leaves, finely chopped

1 garlic clove, finely chopped

2 eggs

½ cup grated Parmesan cheese

salt and pepper

To Serve:

6 slices of crusty bread

grated Parmesan cheese (optional)

Serves 6
Preparation time: 10 minutes
Cooking time: about 1 hour

1   Reserve ¼ cup of the corn. Place the remaining corn in a blender or food processor with the cornstarch, flour, egg, salt, curry powder, chili powder, and turmeric. Blend briefly to combine, then transfer the mixture to a bowl and stir in the shallot, cilantro, and the reserved corn.

2   Heat the oil in a pan for deep-frying, to 350–375°F, or until a cube of bread browns in 30 seconds. Drop spoonfuls of the corn mixture into the hot oil and cook the fritters in batches for 3–4 minutes per batch, until crisp and golden. Remove with a slotted spoon and drain on paper towels.

3   Mix together all the ingredients for the yogurt dip, taste, and adjust the seasoning, if necessary. Serve the yogurt dip with the hot fritters, garnished with lemon wedges and sprigs of cilantro.

1½ cups corn kernels (fresh or frozen)

2 tablespoons cornstarch

2 tablespoons all-purpose flour, sifted

1 egg, lightly beaten

¼ teaspoon salt

1 teaspoon curry powder

½ teaspoon chili powder

¼ teaspoon turmeric

1 shallot, finely chopped

2 tablespoons chopped cilantro

oil, for deep-frying

Yogurt Dip:

¼ cup plain yogurt

1 tablespoon lemon juice

1 tablespoon chopped cilantro

1 teaspoon honey

¼ teaspoon garam masala

¼ teaspoon salt

To Garnish:

lemon wedges

a few sprigs of cilantro

Makes about 20 fritters

Preparation time: 20–30 minutes

Cooking time: 15 minutes

curried corn fritters

1 Melt three-quarters of the butter in a large, heavy pan. Add the onion and cook gently, stirring, over low heat for 5 minutes. Add the mushrooms and tomatoes and continue to stir over low heat for a further 5 minutes.

2 Add the rice and stir to coat with the butter. Increase the heat and brown the rice, stirring constantly, for 30 seconds. Immediately pour in a ladleful of the hot stock. Reduce the heat to medium-low and stir until the stock is absorbed. Continue adding the stock, a ladleful at a time, stirring constantly and adding more only when the previous addition has just been absorbed. The rice is ready when all the stock has been absorbed; this should take about 20 minutes.

3 Stir in the remaining butter and the grated Parmesan, and cook until the cheese has melted. Season with salt and pepper to taste, transfer to warmed plates, and serve the risotto immediately, garnished with thyme sprigs.

¾ stick (⅓ cup) unsalted butter

1 onion, finely chopped

2½–3 cups sliced mushrooms

2 small tomatoes, peeled and chopped

2 cups risotto (Arborio) rice

1 quart hot Vegetable Stock (see page 9), kept simmering

¾ cup freshly grated Parmesan cheese

salt and pepper

thyme sprigs, to garnish

Serves 4
Preparation time: 10 minutes
Cooking time: 30 minutes

tomato & parmesan risotto

■ It is very important to add the stock gradually and stir continuously when cooking risotto. It is the amount of liquid that can be absorbed by the rice that gives the dish its creamy texture. This recipe can be served as a light meal or an accompaniment to a main dish.

ricotta & trout tartlets

1 To make the pastry, sift the flour into a bowl and add the butter. Rub in with the fingertips until the mixture resembles fine breadcrumbs. In a separate bowl, mix together the egg yolk, lemon juice, garlic, and salt and pepper. Add this to the flour mixture and mix to form a soft dough.

2 Roll out the pastry thinly and line some 3-inch, lightly greased, tartlet molds. Prick the pastry all over with a fork and chill for 20 minutes. Line the pastry with foil and fill with dry beans. Blind bake in a preheated oven, 400°F, for 10–15 minutes. Carefully remove the foil and beans.

3 Mix together all the filling ingredients. Spoon the fish mixture into the pastry shells. Lower the oven temperature to 325°F and bake the tartlets for a further 30–40 minutes, or until the filling is set. Serve hot or cold, garnishing each tartlet with thin slices of scallion.

Garlic Pastry:

1 cup all-purpose flour

¾ stick (⅓ cup) butter, cut into ¼-inch dice

1 egg yolk

juice of 1 lemon

1 small garlic clove, crushed

oil, for greasing

salt and pepper

Filling:

2 trout, skinned, boned, filleted, and cut into ¼-inch dice

4 scallions, finely chopped

¾ cup ricotta or cottage cheese, drained

2 eggs, beaten

½ cup heavy cream

1 teaspoon sour cream (optional)

1¼ cups small fresh shrimp or frozen shrimp, defrosted

1 scallion, thinly sliced, to garnish

Serves 8
Preparation time: 40 minutes plus chilling
Cooking time: 40–55 minutes

stir-fried garlic mushrooms

1 Heat a wok or large frying pan until hot. Add the olive oil and butter, and heat over medium heat until foaming. Add the shiitake and cremini mushrooms, garlic, salt, and pepper. Increase the heat and stir-fry for 2 minutes. Add the oyster mushrooms, sprinkle over the sherry or vermouth, and stir-fry for 3 minutes, or until the mushrooms are cooked through and tender.

2 Taste and adjust the seasoning, if necessary, remove the wok or pan from the heat, and stir in the chopped parsley. Serve immediately.

2 tablespoons olive oil

1 tablespoon butter

3 cups rinsed, trimmed, and thickly sliced mixed mushrooms, such as shiitake and cremini

3–4 garlic cloves, crushed

1½ cups rinsed, trimmed, and thickly sliced oyster mushrooms

2–3 tablespoons dry sherry or vermouth

¼ cup chopped fresh parsley

salt and pepper

Serves 4
Preparation time: 5 minutes
Cooking time: 6 minutes

1 Toast the bread on both sides under a preheated broiler, until light golden. While the bread is still warm, rub one side with the cut garlic.

2 Put the bread on a plate and drizzle 2 tablespoons of olive oil over each slice. Sprinkle with salt to taste, and serve immediately.

4 large slices close-textured bread

2 large garlic cloves, cut in half

8 tablespoons extra-virgin olive oil

coarse sea or kosher salt

Serves 2–4

Preparation time: 10 minutes

country bread with olive oil & garlic

■ This is a traditional peasant dish from Tuscany in northern Italy. Tuscans like to toast their bread over an open fire—the Italian name *bruschetta* comes from *bruscare*, meaning roast over coals. Look for a close-textured bread, such as *puglise*, as it is better for bruschetta than the open-textured ciabatta.

tomato & anchovy tarts

1 Sift the flour with the salt into a mixing bowl, add the shortening and butter, and rub in with your fingertips until the mixture resembles fine breadcrumbs. Add just enough water to bind to a stiff dough. Place the dough on a floured surface and knead lightly until smooth. Roll out to ¼ inch thick and use to line ten 3-inch tartlet molds. Prick the pastry with a fork and chill for 20 minutes.

2 Meanwhile, prepare the filling. Heat the oil in a saucepan and fry the onions over low heat for about 5 minutes, until soft and lightly colored. Stir in the tomatoes, garlic, and herbs. Cook, uncovered, for 15 minutes, until the sauce is thick. Season with salt and pepper to taste.

3 Line the tartlet shells with foil and fill with dry beans. Blind bake in a preheated oven, 350°F, for 7 minutes. Remove the foil and beans. Spoon the tomato filling into the tartlet shells. Arrange the anchovy fillets and olives over the top.

4 Bake for 10 minutes, then remove from the oven. Cool in the molds for 10 minutes before transferring to a wire rack. Serve cold, garnished with basil sprigs.

Pastry:

2 cups whole-wheat flour plus extra for dusting

½ teaspoon salt

¼ cup shortening

½ stick (¼ cup) butter, diced

Filling:

3 tablespoons olive oil

3 large onions, thinly sliced

6 tomatoes, peeled and chopped

1 garlic clove, crushed

1 teaspoon dried mixed herbs

a 2-oz. can anchovy fillets, drained and soaked in 2 tablespoons milk for 15 minutes, rinsed and dried

10 black olives, pitted

salt and pepper

basil sprigs, to garnish

Makes 10
Preparation time: 20 minutes plus chilling
Cooking time: 40 minutes

1 Wash and dry the eggplants, then cut off the tops. Stand the eggplants upright on their ends, then, with a sharp knife, slit the flesh into 1-inch wedge shapes from the top down the sides, making sure that you do not cut through to the base. Sprinkle with salt and leave upside down on a cutting board for 30 minutes, to drain off any bitter juices. Rinse well.

2 Heat one-third of the oil in a shallow pan, add the onion and gently fry until golden brown. Add the anchovies and cook until softened. Stir in the tomatoes, capers, and basil, and season with pepper to taste. Continue cooking, stirring occasionally, until the sauce has thickened. Remove from the heat and add the Romano.

3 Dry the eggplant on paper towels and arrange them in a casserole. Pour the prepared sauce over them, drizzle over the remaining oil, and bake in a preheated oven, 350°F, for about 30 minutes.

1¼ lb. small round eggplants

½ cup olive oil

1 onion, finely chopped

4 anchovy fillets, drained and finely chopped

1¼ lb. (around 1¾ cups) seeded and finely chopped plum tomatoes

1 generous teaspoon capers, finely chopped

6 basil leaves, finely chopped

1 cup grated Romano cheese

salt and pepper

Serves 4

Preparation time: 15 minutes plus standing

Cooking time: 50–60 minutes

italian eggplants

yum!

monkfish with roasted red peppers

1 Prepare the marinade. Heat the oil in a pan and fry the garlic, onion, and spices for 5 minutes. Add the remaining ingredients, bring to a boil, then remove from the heat. Season to taste, and leave to cool.

2 Dust the fish with the seasoned flour, and fry in the hot oil for 1 minute on each side. Drain, place in a ceramic dish, and leave to cool. Pour the marinade over the fish and chill for 24 hours, turning the fish occasionally.

3 Preheat the broiler. Brush the peppers with oil and broil for 5 minutes on each side, or until charred. Seal in a plastic bag. When cool, peel, slice, and seed them.

4 Place the spinach leaves on a serving plate and drizzle with a little olive oil. Spoon the fish onto the spinach, topping with the peppers. Sprinkle with parsley.

1 lb. monkfish fillet, sliced

1 tablespoon seasoned flour

2 tablespoons extra-virgin olive oil plus extra for drizzling

2 red peppers

4 oz. (2 large handfuls) baby spinach leaves

2 tablespoons chopped parsley

Marinade:

¼ cup extra-virgin olive oil

1 garlic clove, sliced

1 small red onion, sliced

1 teaspoon coriander seeds, crushed

½ teaspoon cumin seeds

grated zest of 1 lemon

½ teaspoon crushed chili flakes

⅓ cup white wine

1 tablespoon balsamic vinegar

salt and pepper

Serves 4
Preparation time: 20 minutes plus marinating
Cooking time: 20 minutes

1 Melt 3 tablespoons of the butter in a frying pan. Add the onions with the tomato paste, season lightly with salt and pepper, stir well, and cook over low heat, stirring occasionally, for 15 minutes. Remove from the heat and leave to cool.

2 Meanwhile, sift the flour with a pinch of salt into a mixing bowl. Cut in the remaining 4 tablespoons of butter and the shortening, and rub in with your fingertips, until the mixture resembles fine breadcrumbs. Stir in the water and mix to form a fairly stiff dough. Knead lightly until it is free from cracks.

3 Roll out the pastry on a lightly floured surface and line a 10-inch loose-bottomed quiche pan and set on a baking sheet. Prick the base all over with a fork.

4 Line the pastry-lined pan with foil and fill with dry beans. Blind bake in a preheated oven, 400°F, for 15 minutes. Remove the foil and beans, and return the quiche pan to the oven for a further 10–15 minutes, or until the pastry is dry and is cooked through. Remove from the oven.

5 Arrange the onions in the quiche shell. Beat the eggs with the milk in a bowl, and add salt and pepper to taste. Strain into the quiche shell. Lower the oven temperature to 350°F, and bake the quiche for 30–35 minutes, until the filling is set and lightly golden. Serve hot or cold.

french onion quiche

7 tablespoons butter

2–2½ cups thinly sliced onions

2 teaspoons tomato paste

2 cups all-purpose flour plus extra for dusting

¼ cup shortening

3 tablespoons cold water

3 eggs

⅔ cup milk

salt and pepper

Serves 6–8	
Preparation time: 15 minutes	
Cooking time: about 1 hour	

snow peas with cream & herbs •

brown rice & bean salad •

warm bean & smoked trout salad •

snow pea, mushroom & corn salad •

oriental tofu salad •

crab louis •

spicy potatoes with spinach •

marinated mixed pepper salad •

curried lima bean salad •

bean sprout & mushroom salad •

broiled marinated scallops •

crispy vegetables •

french-style green beans •

salads &
side dishes

1 Heat a wok or large frying pan until hot. Add the oil and butter, and heat over medium heat until foaming. Add the snow peas, garlic, and sugar, and stir-fry for 2–3 minutes. Lift out with a slotted spoon and keep hot in a warmed serving dish.

2 Add the cream to the wok or frying pan, and bring to just below boiling point, stirring. Simmer for a few minutes until thickened, then remove from the heat and stir in the herbs, and salt and pepper to taste. Pour this over the snow peas and serve.

2 tablespoons olive oil

2 tablespoons butter

1 lb. snow peas

2 garlic cloves, crushed

½ teaspoon sugar

½ cup heavy cream

3 tablespoons chopped herbs

salt and pepper

Serves 4
Preparation time: 5 minutes
Cooking time: 5 minutes

snow peas with cream & herbs

■ When buying snow peas, look for bright green, crisp, and firm pods with only the slightest hint of the young peas within. Sugar snap peas, which are closely related and could be used just as well in this recipe, have rather more rounded pods. To prepare, simply top and tail, and remove any tough strings. They have the best flavor and texture when only lightly cooked.

½ cup long-grain brown rice

a 14-oz. can red kidney beans, drained

1 red bell pepper, cored, seeded, and diced

2 celery stalks, chopped

1 bunch of scallions, chopped

½ cup cashew nuts, toasted

3 tablespoons chopped fresh parsley

Dressing:

3 tablespoons olive oil

2 teaspoons soy sauce

2 teaspoons sesame oil

1 tablespoon cider vinegar

1 garlic clove, crushed

salt and pepper

Serves 4–6

Preparation time: 5–8 minutes

Cooking time: 30–40 minutes

1 Cook the rice in a pan of boiling salted water for 30–40 minutes until tender. Drain, rinse, and drain again thoroughly.

2 Put all the dressing ingredients into a screw-top jar, and shake well. Put the rice into a bowl with the kidney beans, red pepper, celery, onions, nuts, and parsley. Pour the dressing over it and mix together thoroughly. Put in a shallow serving dish and serve.

brown rice & bean salad

warm bean & smoked trout salad

1   Drain the beans and place in a large pan with the bouquet garni. Add the water and bring to a boil, then lower the heat, cover, and simmer gently for 1–1¼ hours, or until the beans are tender.

2   Meanwhile, put all the dressing ingredients into a screw-top jar and shake well.

3   Drain the cooked beans, discarding the bouquet garni, and immediately toss in around ⅓ cup of the dressing. Stir the trout into the beans. Arrange the lettuce on serving plates, and top with the bean and fish salad. Scatter the red onion over it, drizzle over the remaining dressing, and serve immediately.

½ cup dried navy beans, soaked overnight in cold water

1 bouquet garni

5 cups cold water

¾ lb. smoked trout fillet, skinned, washed, dried, and flaked

mâche (lamb's lettuce) or Boston lettuce

½ small red onion, thinly sliced

Dressing:

½ cup extra-virgin olive oil

grated zest and juice of 1 lemon

½ teaspoon honey

2 tablespoons chopped basil

2 tablespoons chopped parsley

salt and pepper

Serves 6–8

Preparation time: 10 minutes plus soaking

Cooking time: 1¼–1½ hours

snow pea, mushroom & corn salad

1 To make the dressing, put the roasted peppers, garlic, paprika, mustard, vinegar, and salt and pepper to taste in a blender or food processor, and blend until fairly smooth. With the motor running, pour in the oil until the dressing is smooth.

2 Cut the snow peas in half diagonally. Add them to a pan of boiling water and cook for 30 seconds only. Drain, rinse under cold water, then drain again. Cook the corn cobs in a pan of boiling water for 3 minutes, until barely tender. Drain, rinse under cold water, and drain again.

3 Slice the mushrooms thinly, and place in a salad bowl with the snow peas, corn, onion, and salt and pepper to taste. Toss lightly.

4 Serve the salad garnished with the torn parsley leaves and accompanied by the pepper dressing.

½ lb. (2 large handfuls) snow peas, topped and tailed

14–16 baby corn cobs

2 cups button mushrooms

1 red onion, cut into thin wedges

salt and pepper

torn parsley leaves, to garnish

Sweet Pepper Dressing:

2 red bell peppers, roasted, peeled, and chopped

1 garlic clove, crushed

1 teaspoon paprika

½ teaspoon dry mustard

4 teaspoons red wine vinegar

½ cup olive oil

Serves 4–6
Preparation time: 15 minutes
Cooking time: 3–4 minutes

6 oz. firm tofu

3 tablespoons sunflower oil

2 teaspoons soy sauce

1 teaspoon lemon juice

1 garlic clove, crushed

½-inch piece fresh ginger, finely chopped

1 bunch of watercress

1¾ cups bean sprouts

1 red bell pepper, cored, seeded, and thinly sliced

4 scallions, sliced diagonally

salt and pepper

1 tablespoon sesame seeds, to garnish

1 Cut the tofu into small cubes and place in a bowl. Mix together until blended the oil, soy sauce, lemon juice, garlic, ginger, and salt and pepper to taste. Pour this over the tofu, and leave for 15 minutes.

2 Mix the watercress and bean sprouts together in a bowl. Add the red pepper with the onions, tofu, and dressing.

3 Toss the salad until well coated with the dressing, transfer to a shallow serving dish, and garnish with the sesame seeds.

Serves 4

Preparation time: 10 minutes plus marinating

oriental tofu salad

crab louis

1 Make the dressing. In a bowl stir together the mayonnaise, chili sauce, green pepper, scallions, parsley, tomato paste, Worcestershire sauce, and salt and pepper to taste. When mixed well, fold in the whipped cream. Cover and refrigerate for at least 1 hour.

2 When ready to serve, line a serving plate with the shredded lettuce and cabbage, and pile the crabmeat on top. Arrange the tomato and egg wedges around the crabmeat. Spoon the dressing over the crabmeat and garnish with the shredded scallions.

■ If fresh crabmeat is not available, use frozen, but make sure that it is thoroughly defrosted before you start preparing this dish. Canned crabmeat lacks the characteristic flavor of fresh. Ideally, it is best to buy a live crab and boil it yourself, but this can be time-consuming.

1 large iceberg lettuce, shredded

1 small Savoy cabbage, finely shredded

1 lb. crabmeat

4 tomatoes, cut into wedges

2 hardboiled eggs, cut into wedges

3 scallions, shredded, to garnish

Dressing:

½ cup mayonnaise

5 tablespoons tomato-based chili sauce

1 green pepper, cored, seeded, and finely chopped

3 tablespoons sliced scallions

1 tablespoon chopped parsley

1 tablespoon tomato paste

1–2 teaspoons Worcestershire sauce

½ cup heavy cream, whipped

salt and pepper

Serves 4–6

Preparation time: 20 minutes plus chilling

spicy potatoes with spinach

1 Heat the oil in a lidded frying pan, add the onion and cook until soft. Add the ginger, chiles, turmeric, and garlic, and cook for 5 minutes. Add the potatoes, and salt to taste, stir well, cover, and cook for 10 minutes.

2 Squeeze out any liquid from the spinach, and chop the leaves. Add to the pan and cook for about 5 minutes, until both vegetables are tender. Transfer to a warm serving dish and serve immediately.

6 tablespoons oil

1 onion, chopped

1-inch piece fresh ginger root, chopped

2 fresh green chiles, finely chopped

1 teaspoon turmeric

2 garlic cloves, finely chopped

1 lb. (around 4 small-to-medium) potatoes, cut into small pieces

1 lb. frozen spinach, defrosted

salt

Serves 4
Preparation time: 5 minutes
Cooking time: 30 minutes

1 red bell pepper, cored and seeded

1 green bell pepper, cored and seeded

1 yellow bell pepper, cored and seeded

cilantro or fresh parsley, finely chopped, to garnish

Marinade:

1 garlic clove

6 tablespoons oil

3 tablespoons wine vinegar

¼ teaspoon ground coriander

1 teaspoon sugar

salt and pepper

Serves 4–6

Preparation time: 15 minutes plus marinating

Cooking time: 5 minutes

1 Make the marinade. Crush the garlic to a smooth paste with a little salt. Mix well, adding the oil, vinegar, ground coriander, sugar, and pepper.

2 Place the peppers under a preheated broiler, skin sides up. Cook until the skins blister, then remove from the heat and peel. Cut the peppers into thick strips and arrange, alternating the colors, on a large serving platter.

3 Spoon the marinade over the peppers, then cover loosely with plastic wrap. Leave in a cool place for at least 30 minutes. Garnish with the chopped cilantro or parsley.

marinated mixed pepper salad

1   Blanch the cauliflower in boiling salted water for 4 minutes, then drain well and place in a bowl.

2   Heat the oil in a pan and fry the onion until softened. Add the curry powder and fry for a further minute. Cool slightly, then stir in the yogurt and honey, with salt to taste.

3   Pour the curry mixture over the cauliflower, add the lima beans and cilantro, and mix together. Transfer to a clean bowl to serve.

1 small cauliflower, broken into small florets

1 tablespoon sunflower oil

1 onion, chopped

2 teaspoons curry powder

⅔ cup plain yogurt

1 teaspoon honey

a 15-oz. can lima beans, drained

1 tablespoon chopped cilantro

salt

Serves 4–6
Preparation time: 10 minutes
Cooking time: 10 minutes

curried lima bean salad

meatless cuisine

bean sprout & mushroom salad

1   Put the mushrooms into a bowl. Put the olive oil, sesame oil, soy sauce, lemon juice, garlic, ginger, and salt and pepper to taste in a small, screw-top jar and shake vigorously to mix. Pour this over the mushrooms, mix well, and leave to marinate for about 30 minutes.

2   Blanch the snow peas in boiling water for 3 minutes, drain, rinse under cold water, and drain again. Add to the mushrooms, along with the red pepper and bean sprouts, and toss well to coat.

3   Transfer to a shallow serving dish and sprinkle with the toasted sesame seeds.

3 cups thickly sliced button mushrooms

5 tablespoons olive oil

2 teaspoons sesame oil

1 tablespoon soy sauce

1 tablespoon lemon juice

1 garlic clove, chopped

1 teaspoon chopped fresh ginger

4 oz. (a good handful) snow peas, trimmed and cut in half

1 red bell pepper, cored, seeded, and sliced

3 cups bean sprouts

1 tablespoon sesame seeds, toasted

salt and pepper

Serves 4–6

Preparation time: 15 minutes plus marinating

Cooking time: 3 minutes

42

broiled marinated scallops

1 Mix the marinade ingredients together and place in a dish with the scallops. Leave to marinate for at least 30 minutes.

2 Preheat the broiler. Remove the scallops from the marinade and pat dry. Arrange the scallops and tomato halves in a broiler pan to fit closely together. Combine the remaining ingredients and pour them over the scallops.

3 Broil the scallops for 4–6 minutes on each side until they are just cooked. Serve at once, garnished with the chopped parsley and diced pepper, if you like.

12 large scallops, washed and patted dry

12 cherry tomatoes, cut in half

2 garlic cloves, chopped

2 teaspoons grated lemon zest

1 tablespoon lemon juice

pinch of crushed red-pepper flakes

1 teaspoon chopped thyme

1 teaspoon chopped rosemary

¼ cup olive oil

salt and pepper

Coconut Cream Marinade:

2 garlic cloves, crushed

½-inch piece fresh ginger, peeled and grated

2 tablespoons freshly squeezed lime juice

1–2 red chiles, seeded and finely chopped

⅔ cup coconut cream

To Garnish:

1 tablespoon chopped fresh parsley

2 tablespoons diced red pepper

Serves 2–4

Preparation time: 20 minutes plus marinating

Cooking time: 8–12 minutes

crispy vegetables

1 Heat the oil in a wok or deep frying pan. Add the onion, carrots, celery, pepper, and ginger, and fry the vegetables briskly for 5 minutes, stirring constantly.

2 Add the mushrooms, bean sprouts, and garlic, and stir-fry for a further 2 minutes.

3 Add the sherry and soy sauce, and season with salt and pepper to taste. Stir-fry for a further 3 minutes. Serve immediately.

2 tablespoons oil

1 large onion, sliced

2 carrots, cut into thin strips

2 celery stalks, sliced

1 green bell pepper, cored, seeded, and sliced

2 teaspoons chopped fresh ginger

1½ cups sliced mushrooms

3½–4 cups bean sprouts

1 garlic clove, crushed

2 tablespoons sherry

2 tablespoons soy sauce

salt and pepper

Serves 4
Preparation time: 5 minutes
Cooking time: about 15 minutes

1 stick (½ cup) butter

2 bunches of scallions, cut into 2-inch lengths

2 lb. thin green beans

1 crisp lettuce, quartered

1 bunch mixed herbs (including parsley and chervil), tied together

salt and pepper

1 Melt the butter in a pan, add the scallions, and cook for 2 minutes. Add the beans and cook for a further 20 minutes. Season with salt and pepper to taste. Add the lettuce and herbs and cook for 5 minutes.

2 Remove the herbs and transfer the bean mixture to a warmed serving dish. Serve immediately.

Serves 4
Preparation time: 5 minutes
Cooking time: about 30 minutes

french-style green beans

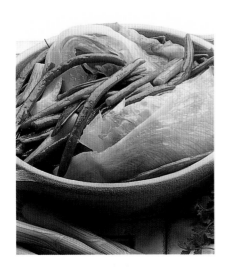

■ You can use any variety of string beans for this dish. Small, yellow waxy pods or purple pods, which sadly turn green on cooking, both work well. When buying, check for freshness by snapping a bean. It should snap easily and be juicy.

pasta puttanesca ●

linguine with mussels & tomato sauce ●

cappelletti with fish stuffing & shrimp sauce ●

pasta with broccoli & anchovies ●

gnocchi in herb butter ●

brown rice & mixed herb salad ●

green rice ●

seafood ravioli ●

pasta dough ●

seafood paella ●

mushroom risotto ●

noodles with vegetables ●

chinese noodle & shrimp salad ●

pasta, rice & noodles

pasta puttanesca

1 Bring a large pot of lightly salted water to a boil, add the pasta, return to a boil and cook for 10–12 minutes or according to package instructions, until the pasta is cooked and just tender.

2 Meanwhile, heat the oil in a large frying pan and fry the garlic, chiles, capers, and anchovies for 3 minutes. Add the tomatoes and fry for a further 5 minutes. Add the chopped basil and chopped olives, and season with salt and pepper to taste.

3 Drain the pasta and toss with the sauce. Serve immediately, sprinkled with a little Parmesan.

12 oz. penne or other tube pasta, such as rigatoni

6–8 tablespoons extra-virgin olive oil

2 garlic cloves, chopped

2 dried red chiles, seeded and chopped

2 teaspoons capers, drained and washed

6 canned anchovy fillets in oil, drained, washed, and chopped

1 lb. (around 3 medium) ripe tomatoes, peeled, seeded, and diced

2 tablespoons chopped basil

½ cup pitted and chopped black or green olives

salt and pepper

freshly grated Parmesan cheese, to serve

Serves 4

Preparation time: 10 minutes

Cooking time: 20 minutes

linguine with mussels & tomato sauce

1 Place the mussels in a large pot, discarding any that do not close when sharply tapped. Add the water, cover the pot and cook over medium heat, shaking the pot occasionally, until the mussels open. Drain the mussels, discarding any that have not opened. Remove the mussels from their shells, but leave a few in their shells, to garnish.

2 Heat the oil in a frying pan and add the onion and garlic. Sauté over medium heat until golden and tender. Add the chopped tomatoes and season with salt and pepper, lower the heat, and cook gently until the mixture is thickened and reduced.

3 Add the shelled mussels and mix gently into the tomato sauce. Simmer the mixture over low heat for 2–3 minutes, or until the mussels are heated through.

4 Meanwhile, cook the linguine in lightly salted boiling water for 8–10 minutes or according to package instructions, until the pasta is just tender. Drain well and gently toss with the tomato and mussel sauce. Transfer to warmed serving plates and serve, garnished with chopped parsley and the reserved mussels.

2½ quarts mussels, scrubbed and debearded

½ cup water

3 tablespoons olive oil

1 onion, chopped

3 garlic cloves, crushed

2¼ cups peeled and chopped tomatoes

1 lb. dried linguine

salt and pepper

3 tablespoons chopped parsley, to garnish

Serves 6
Preparation time: 25 minutes
Cooking time: 20 minutes

cappelletti with fish stuffing & shrimp sauce

1 To make the fish stuffing, put the onion, celery, carrot, and fish into a frying pan, pour the wine over it, and season well with salt and pepper. Bring to a boil and simmer for 10–12 minutes, or until the fish is tender. Drain and flake the fish into a bowl. Add the egg yolks, Parmesan, marjoram, and nutmeg. Mix well and season with salt and pepper.

2 Cut the pasta dough into 1½-inch squares. Place about ½ teaspoon of filling in the center of each square, and dampen the edges of the dough with water. With one corner facing you, fold into a triangle and seal the edges. Then take the left and right corners together to form a circle, and pinch to seal. Place the cappelletti on a clean dry kitchen towel, and leave to dry for 1 hour.

3 Meanwhile, make the shrimp sauce. Put the oil and garlic into a pan and cook for 2–3 minutes, or until the garlic is golden brown. Add the tomatoes and wine, bring to a boil, and simmer, uncovered, for about 15–20 minutes, or until thickened. Stir in the shrimp, and season with salt and pepper to taste.

4 Add the cream and gradually bring to just below boiling point, stirring constantly. Stir in the parsley and remove from the heat.

5 Cook the cappelletti in a large pot of salted boiling water for 30–60 seconds until just tender. Drain thoroughly and transfer to a warmed serving dish. Add the butter and toss well. Pour the shrimp sauce over the cappelletti and garnish with parsley and marjoram sprigs and lemon wedges. Serve immediately.

■ Cappelletti literally means little peaked hats. Strictly speaking, they should be made from small rounds of pasta dough. When the pasta is cut into squares before filling, it is known as *cappelletti di preti*, which means little priests' hats.

1 recipe Pasta Dough (see page 57)

2 tablespoons butter

salt and pepper

To Garnish:

parsley and marjoram sprigs

lemon wedges

Shrimp Sauce:

¼ cup olive oil

2 garlic cloves, crushed

8 tomatoes, peeled, seeded, and chopped

¼ cup dry white wine

1⅓ cups chopped, cooked, peeled shrimp

1¼ cups heavy cream

2 tablespoons chopped parsley

Fish Stuffing:

1 small onion, cut in half

1 celery stalk, roughly chopped

1 small carrot, roughly chopped

¾ lb. sea bass or other white fish, skin removed

¾ cup dry white wine

2 egg yolks

½ cup freshly grated Parmesan cheese

1 teaspoon chopped marjoram

pinch of grated nutmeg

Serves 4
Preparation time: 45–60 minutes plus standing
Cooking time: about 45 minutes

1 Heat 1 tablespoon of the oil in a frying pan and stir-fry the breadcrumbs for 1–2 minutes or until golden. Drain well and set aside.

2 Cook the broccoli in salted boiling water for 1 minute. Drain, reserving the water, and rinse under cold water. Drain and set aside. Bring the reserved water to a boil. Add the pasta and simmer for 10 minutes.

3 Heat 2 tablespoons of the oil in a frying pan and stir-fry the garlic, lemon zest, chile, anchovies, raisins, and parsley for 3–4 minutes. Add the broccoli and fry for a further 2–3 minutes. Season with pepper.

4 Drain the pasta. Toss with the remaining oil and stir in the broccoli mixture. Season with salt and pepper, and serve topped with the breadcrumbs.

½ cup extra-virgin olive oil

1 cup fresh white breadcrumbs

1 lb. (1 large or 2 small bunches) broccoli, broken into small florets

12 oz. fettuccine

2 garlic cloves, chopped

2 teaspoons grated lemon zest

1 dried chile, seeded and chopped

a 2-oz. can anchovies in oil, drained and chopped

⅓ cup golden raisins

2 tablespoons chopped parsley

salt and pepper

Serves 4
Preparation time: 15 minutes
Cooking time: 25 minutes

pasta with broccoli & anchovies

gnocchi in herb butter

1 Beat the egg yolk and flour into the mashed potatoes until smooth. Turn out onto a floured surface. Shape into walnut-size balls.

2 Flour a long-pronged fork and push a small ball of the paste onto the prongs. Using two fingers, drag the paste up toward you. It should curl, leaving an impression on the underside. If it sticks, flour the fork again and don't push so hard. Dust the formed gnocchi with a little flour.

3 Bring a large pot of water to a boil. Add a little oil and a pinch of salt. Cook the gnocchi for 3 minutes, or until they all start to float to the surface. Drain well and keep warm.

4 Melt the butter in a frying pan and stir in the garlic purée and parsley. Season, and heat gently. Pile the gnocchi onto a heated plate, pour the butter mixture over it, and toss lightly. Serve sprinkled with grated Parmesan and with a green salad.

1 egg yolk, beaten

1 cup all-purpose flour

1½ cups mashed potatoes

dash of oil

½ stick (¼ cup) butter

1 teaspoon puréed garlic

2 tablespoons chopped fresh parsley

salt and pepper

To Serve:

freshly grated Parmesan cheese

salad greens

Serves 4
Preparation time: 45 minutes
Cooking time: 5 minutes

brown rice & mixed herb salad

1   Dry-fry the onion in a large pan over a low heat for 3 minutes. Add the garlic, garam masala, and rice, and fry gently for a further 2 minutes, stirring continuously.

2   Stir in the saffron, stock, dried coconut, and salt and pepper to taste. Bring to a boil and simmer gently for about 25 minutes, or until the rice is just tender.

3   Mix the olive oil with the tarragon vinegar, chopped cilantro, and chopped parsley, and season with salt and pepper to taste. Stir evenly through the warm rice, together with the cashew nuts. Allow to cool before serving.

1 small onion, finely chopped

1 garlic clove, finely chopped

½ teaspoon garam masala

⅔ cup long-grain brown rice

pinch of powdered saffron

1¾ cups Vegetable Stock (see page 9)

½ tablespoon dried, shredded coconut

2 teaspoons olive oil

2 tablespoons tarragon vinegar

1 tablespoon chopped cilantro

2 tablespoons chopped fresh parsley

10 cashew nuts, lightly toasted

salt and pepper

Serves 4

Preparation time: 10 minutes plus chilling

Cooking time: 30–35 minutes

1 Heat the shortening in a heavy pot and stir in the rice. Cook, stirring frequently, until all the grains of rice are coated with oil and glistening.

2 Add the onion, garlic, and tomatoes, and cook for 2 minutes. Add 1½ cups of the stock, cover the pan, and simmer gently for about 25 minutes, or until the rice is tender and has absorbed all the liquid. Check the rice from time to time, adding more stock, as necessary. Season with salt and pepper to taste.

3 About 5 minutes before the end of the cooking time, heat the oil in another pan and stir-fry the pepper strips until they start to lose their crispness, but not their bright green color.

4 Add the stir-fried pepper strips to the cooked rice and stir in gently. Scatter with the sliced olives and serve immediately.

green rice

■ Peppers are low in calories and have a high vitamin C content. The seeds and white fibers inside the pepper should always be removed before they are used in a recipe.

3 tablespoons shortening

¾ cup long-grain rice

1 onion, finely chopped

1 garlic clove, crushed

a 14-oz. can chopped tomatoes, drained

1½–1¾ cups Vegetable Stock (see page 9)

2 tablespoons vegetable oil

2 green bell peppers, cored, seeded, and thinly sliced

a generous ⅓ cup sliced, stuffed green olives

salt and pepper

Serves 4

Preparation time: 10 minutes

Cooking time: 30 minutes

seafood ravioli

1 Chill the pasta dough while preparing the filling.

2 Place the tuna fish and anchovies in a food processor or blender, and blend until smooth. Transfer to a bowl. Stir in the basil or parsley, lemon zest, and salt and pepper to taste.

3 Divide the pasta dough in half and roll out each piece to a rectangle 18 x 6 inches. Put a teaspoon of the tuna mixture at 2-inch intervals on one piece. Brush the edges and between the filling with water.

4 Place the second piece of pasta dough over the top, and press down between the filling and along the edges to seal. Cut between each mound with a knife or pastry wheel. Drop the ravioli into a large pot of boiling, salted water, and cook for 8–10 minutes until tender.

5 Meanwhile, make the tomato and orange sauce. Heat 1 tablespoon of the oil in a pan, add the scallions, and fry gently for 2 minutes. Drain well. Blend the tomatoes in a food processor or blender, and gradually add the onions, orange and lemon juices, tomato paste, and the remaining oil.

6 Serve the ravioli topped with the tomato and orange sauce and sprinkled with grated Parmesan.

1 recipe of Pasta Dough (see opposite)

a 7-oz. can tuna fish, drained

a 2-oz. can anchovies, drained

2–3 basil or parsley sprigs, chopped

2 teaspoons grated lemon zest

salt and pepper

Tomato & Orange Sauce:

2 tablespoons oil

1 bunch scallions, finely chopped

1½ cups peeled and roughly chopped tomatoes

1 tablespoon orange juice

1 tablespoon lemon juice

2 tablespoons tomato paste

freshly grated Parmesan cheese, to serve

Serves 4–6
Preparation time: 20 minutes
Cooking time: 10 minutes

pasta dough

1 Sift the flour and salt into a large bowl. Make a well in the center and drop in the eggs and oil. Draw the flour into the center, add the water, and knead well. If the mixture is too dry, add another tablespoon of water. Knead until smooth and very elastic—this is essential or the dough will not roll properly. Wrap in plastic wrap and leave to rest for at least 15 minutes, but not more than 2 hours.

2 cups all-purpose flour

pinch of salt

2 eggs

1 teaspoon oil

3 tablespoons water

Makes 8 oz.

Preparation time: 15 minutes plus resting

58

seafood paella

1 Place the mussels in a large pot, discarding any that do not close when sharply tapped. Add the water, cover the pot, and cook over medium heat, shaking the pan occasionally, until the mussels open. Drain the mussels, discarding any that have not opened. Reserve the cooking liquid.

2 Gently cook the red and green peppers in 2 tablespoons of the olive oil. Remove from the pan and keep warm. Shell the lobster (or skin and bone the monkfish) and cut up the flesh. Slice the squid into thin rings and slice the scallops.

3 Add the sliced squid and scallops (and monkfish, if using) to the pan and turn them gently as they cook, then remove and keep warm. In a large paella or shallow pan, gently cook the onion in the remaining olive oil until transparent. Add the rice and fry for a few more minutes, then pour in the wine, fish stock, and reserved mussel liquid. Bring to the simmering point, add the saffron powder and stir carefully, then add the bay leaves.

4 After about 10–15 minutes the rice should have absorbed the stock. Stir in the peas. Add the shrimp, all the reserved fish and shellfish, and the red and green peppers, and stir gently. Heat through, taste, and season with salt and pepper. Remove the bay leaves and serve.

2 quarts mussels, scrubbed and debearded

½ cup water

1 red bell pepper, cored, seeded, and thinly sliced

1 green bell pepper, cored, seeded, and thinly sliced

6 tablespoons olive oil

1 cooked medium lobster or ½ lb. monkfish

¾ lb. cleaned squid

12 scallops

2 large Spanish onions, finely chopped

2 lb. long-grain rice

⅔ cup dry white wine

⅔ cup Fish Stock (see page 9)

2–3 teaspoons saffron powder

2 bay leaves

2 cups frozen peas

1 lb. cooked, peeled shrimp

salt and pepper

Serves 8
Preparation time: 35 minutes
Cooking time: about 25 minutes

1 Heat half of the butter in a large, heavy frying pan, add the onion and fry gently until soft, but not brown.

2 Add the sliced mushrooms and cook for 2–3 minutes, stirring occasionally. Add the rice and stir over medium heat until all the grains are glistening and beginning to turn translucent around the edges.

3 Stir in a ladleful of hot stock and simmer very gently until it has been absorbed. Continue adding more stock in this manner until the rice is thoroughly cooked and tender and all the liquid has been absorbed. This will take about 15–20 minutes. Halfway through cooking, stir in the saffron. Stir frequently to prevent the rice sticking. Season with salt and pepper to taste.

4 When the rice is ready, gently mix in the remaining butter and the Parmesan. The risotto should not be too dry—in fact, it should be quite creamy. Serve the risotto sprinkled with chopped parsley and freshly grated Parmesan, if using.

mushroom risotto

1 stick (½ cup) butter

1 onion, finely chopped

4½ cups thinly sliced mushrooms

2½ cups risotto (Arborio) rice

5 cups hot Vegetable Stock (see page 9)

⅛ teaspoon powdered saffron or saffron threads

1 cup grated Parmesan cheese

salt and pepper

To Serve (optional):

2 tablespoons chopped parsley

Parmesan cheese, grated

Serves 4
Preparation time: 5 minutes
Cooking time: 30 minutes

1   Cook the noodles in boiling water for 5–6 minutes. Drain and rinse under cold water to stop further cooking, then drain again.

2   Heat the oil in a wok or large frying pan over a moderate heat, then add all of the ingredients one by one, including the noodles, but not including the cilantro. Give a quick stir after each addition.

3   Stir-fry for 3–4 minutes, adding a little more oil, if necessary. Check the seasoning. Serve immediately, garnished with cilantro.

8 oz. dried egg noodles

2 tablespoons peanut oil

a generous ½ cup sliced leeks

½ cup oyster mushrooms, torn

1 celery stalk with leaves, chopped

2 cups sliced Chinese cabbage

¼ cup cauliflower florets

2 tablespoons soy sauce

4½ teaspoons sugar

½ teaspoon salt

1 teaspoon pepper

2 tablespoons crushed garlic

fresh cilantro, to garnish

Serves 4
Preparation time: 10 minutes
Cooking time: 8–10 minutes

noodles with vegetables

chinese noodle & shrimp salad

1 Bring a pot of water to a boil, add the noodles, cover the pot, and remove from the heat. Let stand for 5 minutes, or until the noodles are just tender. Drain in a colander and rinse under cold water. Drain and transfer to a salad bowl.

2 Meanwhile, cut the scallions into short lengths and shred finely. Leave the radishes whole or cut them into slices, as preferred. Add the scallions and the radishes to the noodles.

3 Bring a saucepan of water to a boil, add the sugar snap peas and blanch for 1 minute. Drain in a colander, rinse under cold running water, then drain thoroughly. Add to the salad with the shrimp. Season with salt and pepper to taste.

4 To make the dressing, combine the ginger and garlic in a bowl. Then add the lime zest and the honey. Season with salt and pepper to taste. Add the lime juice and beat well. Pour in the oil, whisking until well mixed. Stir in the cilantro. Add the dressing to the salad and toss lightly.

■ Limes are juicier and more fragrant than lemons. Lime juice and zest are used a lot in Asian cooking.

6 oz. Chinese egg noodles

6 scallions

1 small bunch radishes, trimmed

6 oz. (a very large handful) sugar snap peas, topped and tailed

1½ cups cooked peeled shrimp

salt and pepper

Ginger & Lime Dressing:

2 teaspoons grated fresh ginger

1 garlic clove, crushed

juice and finely grated zest of 2 limes

1 tablespoon honey

⅓ cup peanut oil

2 tablespoons chopped cilantro

Serves 4–6
Preparation time: 15 minutes
Cooking time: about 6 minutes

herb roulade with spinach ricotta •

green lentil & vegetable tagine with couscous •

ratatouille •

red & yellow pepper tart •

thai green vegetables •

soybeans with shiitake mushrooms & spinach •

spiced cauliflower with coconut •

pepper & tomato crêpes •

peppers with brown rice & walnut stuffing •

apricot & rice salad with goat cheese •

vegetable curry •

pumpkin & sage risotto with pine nut sauce •

vegetarian
main courses

herb roulade with spinach ricotta

1 Grease and line a 9 x 13-inch baking sheet with sides with baking parchment. Melt the butter in a pan, stir in the flour and mustard, cook over low heat for 1 minute, then gradually stir in the milk. Bring to a boil over low heat, stirring until the sauce thickens. Cook for 2 minutes.

2 Remove the pan from the heat and cool slightly. Beat in the Cheddar cheese, egg yolks, herbs, and season with salt and pepper. Whisk the egg whites until stiff, and fold into the sauce until evenly incorporated. Pour the mixture into the prepared pan and bake in a preheated oven, 400°F, for 12–15 minutes, or until risen. Remove from the oven and set aside to cool, then lower the temperature to 375°F.

3 Cream the ricotta or cottage cheese and half the oil together. Season with nutmeg, salt, and pepper. Heat the remaining oil in a frying pan and fry the leek for 5 minutes. Squeeze the water from the spinach, chop finely, and add to the pan. Cook gently for 5 minutes.

4 To assemble the roulade, slide it out of the pan and carefully peel away the paper. Spread the softened cheese and then the spinach mixture over it. Roll from 1 short end, and place on an oiled baking sheet. Brush with oil and bake for 20–25 minutes. Serve hot, in slices.

2 tablespoons butter

3 tablespoons all-purpose flour

1 teaspoon Dijon mustard

1 cup milk

½ cup grated Cheddar cheese

4 eggs, separated

4 tablespoons chopped mixed fresh herbs (basil, chervil, chives, tarragon, thyme)

salt and pepper

Filling:

⅔ cup ricotta or cottage cheese

2 tablespoons extra-virgin olive oil plus extra for oiling

¼ teaspoon freshly grated nutmeg

1 leek, finely chopped

1 lb. frozen leaf spinach, defrosted and drained

Serves 6
Preparation time: 20 minutes
Cooking time: about 1 hour

■ Ricotta is an Italian curd cheese. It is rindless and has a granular texture and is used in both savory and sweet recipes.

green lentil & vegetable tagine with couscous

1 Put the lentils into a large pot with the water. Bring to a boil, cover, and simmer for 20 minutes.

2 Meanwhile, heat half the oil in a large pan and fry the onion, garlic, and spices for 5 minutes. Add the potatoes and carrots and fry for 5 minutes. Add the lentils with their cooking liquid, cover, and simmer for 15 minutes.

3 Heat the remaining oil in a pan and fry the zucchini and mushrooms for 4–5 minutes until lightly golden. Add to the lentil mixture along with the tomato juice, tomato paste, chili sauce, and dried apricots and return to a boil. Cook for 10 minutes, or until the vegetables and lentils are tender.

4 Cook the couscous according to the package instructions. Transfer to serving plates, spoon on the tagine and serve the juices separately with extra chili sauce, if you like.

½ cup green lentils, rinsed

2½ cups water

¼ cup extra-virgin olive oil

2 small onions, cut into wedges

2 garlic cloves, chopped

1 tablespoon ground coriander

2 teaspoons ground cumin

1 teaspoon ground turmeric

1 teaspoon ground cinnamon

12 new potatoes, cut in half, if large

2 large carrots, thickly sliced

2 zucchini, sliced

2 cups button mushrooms

1¼ cups tomato juice

1 tablespoon tomato paste

2 tablespoons chili sauce

½ cup chopped dried apricots

1⅓ cups couscous

extra chili sauce, to serve (optional)

Serves 4–6

Preparation time: 20–30 minutes

Cooking time: 55 minutes

ratatouille

1 Heat the oil in a large flameproof casserole dish. Mix the eggplant with the tomatoes, sliced pepper, zucchini, onion and garlic. Add the mixture to the oil, in batches if necessary, and fry for 8 minutes, turning occasionally.

2 Stir in the sugar and plenty of salt and pepper. Add the bay leaf, cover, and cook in a preheated oven, 325°F, for 1½–2 hours or until the vegetables are cooked through and tender.

3 Cut the baked potatoes almost in half and press them to open out. Spoon the hot ratatouille over them and serve immediately, with a bowl of grated Parmesan.

4–6 tablespoons olive oil

1 medium eggplant, sliced

1½ cups peeled, roughly chopped tomatoes

1 green bell pepper, cored, seeded, and sliced

3 generous cups sliced zucchini

1½ cups sliced onions

1 large garlic clove, crushed

pinch of sugar

1 bay leaf

4 baked potatoes

salt and pepper

freshly grated Parmesan cheese, to serve

Serves 4
Preparation time: 10 minutes
Cooking time: 1¾–2¼ hours

■ Ratatouille originates from Provence and there are probably as many versions as there are French cooks. This classic Niçoise recipe includes zucchini, eggplant, and tomatoes, all of which should be in perfect condition and, preferably, sun-ripened.

red & yellow pepper tart

1 Roll out the pastry, and line a 9-inch fluted tart or quiche pan. Blind bake in a preheated oven at 400°C, for 15 minutes.

2 Heat the olive oil and fry the peppers, onion, and garlic for 3–4 minutes, stirring. Add the wine or stock, and cook over low heat, or until the vegetables are softened.

3 Beat the eggs and egg yolks together, then add the cream and salt and pepper. Spread the peppers in the pastry shell, pour in the egg mixture, then add the olives.

4 Bake in a preheated oven, 375°F, for 30–35 minutes, or until golden brown and set. Serve hot or cold.

pastry dough for a single-crust 9-inch pie

2 tablespoons olive oil

1 red bell pepper, cored, seeded, and sliced

1 yellow bell pepper, cored, seeded, and sliced

1 small onion, thinly sliced

2 garlic cloves, crushed

¼ cup white wine or Vegetable Stock (see page 9)

2 eggs

2 egg yolks

⅔ cup light cream

10 pitted black olives

salt and pepper

Serves 4–6

Preparation time: 10 minutes

Cooking time: 50–55 minutes

■ It is vital to be light-handed when dealing with pastry. Do not press down on the rolling pin, just allow the pin to use its weight to roll out the dough. Always roll in the same direction, away from you, not backward and forward, and turn the dough occasionally.

6 oz. (a very large handful) snow peas, topped and tailed, and cut in half on the diagonal

2 large zucchini, cut into ¼-inch slices

1 cup shelled peas

1 cup broccoli florets, trimmed

Coconut Sauce:

3 tablespoons vegetable oil

1 large onion, finely chopped

4 garlic cloves, finely chopped

1 red chile, seeded and finely chopped

3–4 teaspoons Thai green curry paste

2 teaspoons ground turmeric

2 teaspoons brown sugar

two 13-oz. cans coconut milk

juice of ½ lime

3 tablespoons dried coconut

¾ cup Vegetable Stock (see page 9)

1 tablespoon cornstarch

¼ cup heavy cream

¼ cup chopped cilantro

salt and pepper

1 To make the sauce, heat the oil in a large frying pan and fry the onion and garlic until soft but not brown. Stir in the red chile, curry paste, turmeric, sugar, coconut milk, lime juice, dried coconut, and stock, mixing well to blend. Bring to a boil and cook quickly, stirring frequently, for 10–15 minutes to reduce the sauce slightly and concentrate the flavors.

2 Blend the cornstarch with the cream to make a smooth paste, and add to the sauce and cook for a few minutes to thicken, then stir in half of the chopped cilantro. Add the snow peas, zucchini and peas, and simmer gently.

3 Steam the broccoli for 4 minutes, add to the sauce, and cook for a few minutes, or until the vegetables are tender. Season with salt and pepper to taste, sprinkle with the remaining cilantro and serve immediately.

Serves 4	
Preparation time: 10 minutes	
Cooking time: 20–25 minutes	

thai green vegetables

soybeans with shiitake mushrooms & spinach

1   Drain the beans and place in a pot with plenty of cold water. Bring to a boil and boil rapidly for 1 hour, then lower the heat, cover, and simmer for 2 hours, or until the beans are tender. Drain, reserving ⅔ cup of the liquid.

2   Heat the oil in a large frying pan, add the garlic, ginger, and chiles and fry for 3 minutes. Add the mushrooms and fry for a further 5 minutes, or until tender.

3   Add the tomatoes, the cooked beans, the reserved liquid, soy sauce, and sherry, and bring to a boil. Cover and simmer for 15 minutes.

4   Stir in the spinach and heat through for 2–3 minutes until it is wilted. Serve immediately.

1¼ cups dried soybeans, soaked overnight

3 tablespoons extra-virgin olive oil

1 garlic clove, chopped

1 teaspoon grated fresh ginger

2 red chiles, seeded and chopped

1½ cups sliced shiitake mushrooms

4 ripe tomatoes, peeled, seeded, and chopped

2 tablespoons dark soy sauce

2 tablespoons dry sherry

8 oz. (around 5 cups) spinach leaves, washed and shredded

Serves 4
Preparation time: 15 minutes plus soaking
Cooking time: 3½ hours

spiced cauliflower with coconut

1 Blanch the cauliflower in boiling salted water for 2 minutes, then drain and set aside.

2 Heat the oil in a frying pan and fry the onion until softened. Add the ginger, garlic, and okra, and fry, stirring, for 2 minutes. Add the spices and cook for a further 1 minute. Blend the coconut with the water or stock until smooth, then add to the pan with the cauliflower and season with salt and pepper to taste. Cover and simmer over a low heat for about 8–10 minutes, or until tender.

3 Blend the yogurt with the cornstarch. Remove the cauliflower from the heat and mix in the yogurt and cornstarch. Serve with rice and poppadums, if you like.

1 cauliflower, broken into florets

2 tablespoons vegetable oil

1 onion, sliced

1 inch piece fresh ginger, peeled and chopped

2 garlic cloves, chopped

1 cup okra, tops removed

2 teaspoons ground coriander

1 teaspoon ground cumin

1 teaspoon ground turmeric

2 tablespoons creamed coconut

1 cup water or Vegetable Stock (see page 9)

⅓ cup plain yogurt

1 teaspoon cornstarch

1 teaspoon chopped cilantro

salt and pepper

To Serve (optional):

basmati rice

poppadums

Serves 4

Preparation time: 15 minutes

Cooking time: 15 minutes

pepper & tomato crêpes

1 To make the filling, first put the peppers under a hot broiler, and turn often, until the skins blister. Peel under cold running water. Remove the seeds and finely chop the flesh.

2 Heat the oil in a pan and fry the onion until soft. Add the peppers and tomatoes and cook for 30 minutes. Stir frequently to prevent burning. Season with salt and pepper, and add the parsley.

3 Meanwhile, make the crêpes. Put all the ingredients and ½ teaspoon of salt into a blender or food processor and blend until smooth. Or you can sift the flour and salt into a bowl, mix in the eggs, then gradually beat in the milk, water, and oil to make a smooth batter.

4 Heat 1 teaspoon of the oil in a small frying pan; when it sizzles, pour off the excess so that the pan is just glistening. Add 2 tablespoons of batter to the pan, tipping it to cover the bottom. Cook for 30 seconds, or until the top is set and the underside is golden brown. Flip the crêpe over and cook the other side. Remove with a spatula and keep warm. Make about 12 more crêpes, piling them on top of each other, interleaved with wax paper. Keep warm.

5 Put a spoonful of the filling on each crêpe and roll up neatly. Spoon the cream or yogurt over the crêpes and sprinkle with paprika. Serve with a mixed salad, if you like.

Crêpes:

1 cup whole-wheat flour

1 large egg, beaten

1 egg yolk

⅔ cup milk

⅔ cup water

2 tablespoons oil plus extra for frying

Pepper & Tomato Filling:

1½ lb. (around 3 medium) red bell peppers

2 tablespoons olive oil

1 onion, chopped

3 lb. (around 4½ cups) peeled, seeded, and chopped tomatoes

2 tablespoons chopped fresh parsley

salt and pepper

To Serve:

1¼ cups sour cream or plain yogurt

paprika

mixed green salad (optional)

Serves 4
Preparation time: 20 minutes
Cooking time: 45 minutes

peppers with brown rice & walnut stuffing

1 Heat the oil in a saucepan, add the onion and garlic, and cook, stirring, for 10 minutes. Add the rice, bay leaf, and half the tomato juice. Cover and simmer for 40 minutes, or until the rice is tender. Discard the bay leaf. Add the basil, cheese, and walnuts, and season with salt and pepper.

2 Fill the peppers with the rice mixture and place in a greased casserole. Pour the remaining tomato juice around the peppers. Bake in a preheated oven, 350°F, for about 30–40 minutes. Garnish with Parmesan shavings and serve.

2 tablespoons sunflower oil

1 onion, chopped

1 large garlic clove, crushed

¼ cup brown rice

1 bay leaf

2 cups tomato juice

1 teaspoon dried basil

½ cup grated Cheddar cheese

1 cup chopped walnuts

4 red or yellow bell peppers, cored, seeded, and cut in half lengthwise

salt and pepper

shavings of Parmesan cheese, to garnish

Serves 4

Preparation time: 15 minutes

Cooking time: 1 hour 20 minutes

1 Combine the rice and herbs in a bowl. Add 4 tablespoons of the dressing with salt and pepper to taste. Mix well. Set aside the remaining dressing.

2 Fill the apricot cavities with the rice salad, piling it up in the center. Arrange on individual serving plates. Scatter the toasted almonds over the rice.

3 Place the goat cheese slices on a baking sheet. Cook under a preheated hot broiler for 3–4 minutes, until bubbling and brown. Lift onto the serving plates and serve immediately. Garnish with fresh herbs or salad leaves. Serve the remaining dressing separately to be used as you like.

1⅓ cups cooked white or brown rice

2 tablespoons finely chopped parsley

1 tablespoon finely chopped mint

1 recipe dressing (see page 33), or ready-made vinaigrette dressing

6 large ripe apricots, cut in half and pitted

2 tablespoons chopped toasted almonds

4 slices goat cheese, with rind

salt and pepper

sprigs of fresh herbs or salad leaves (e.g., sage, salad burnet), to garnish

Serves 4

Preparation time: 15 minutes

Cooking time: 3–4 minutes

apricot & rice salad with goat cheese

3 tablespoons oil

1 teaspoon fennel seeds

2 onions, sliced

1 teaspoon chili powder

1 tablespoon ground coriander

1-inch piece fresh ginger, peeled and chopped

2 eggplants, sliced

1½ cups shelled peas

1 medium potato, cubed

an 8-oz. can tomatoes

4 green chiles, sliced

salt

1 Heat the oil in a large pan, add the fennel seeds and fry for a few seconds, then add the onions and fry until soft and golden. Add the chili powder, coriander, ginger, and salt to taste. Fry for 2 minutes, stirring. Add the eggplant, peas, and potato cubes, and cook for about 5 minutes, stirring occasionally.

2 Add the tomatoes, along with their juice, and the chiles to the pan, cover, and simmer for 30 minutes, or until the peas and potatoes are tender and the sauce is thick. Serve immediately.

Serves 4
Preparation time: 20 minutes
Cooking time: 45 minutes

vegetable curry

2 tablespoons extra-virgin olive oil

1 large onion, finely chopped

1 garlic clove, crushed

1–2 tablespoons sage

3¾ cups risotto (Arborio) rice

a heaped cup of diced pumpkin or winter squash

1 quart plus ⅓ cup of boiling Vegetable Stock (see page 9)

½ cup pine nuts

1 cup freshly grated Parmesan cheese plus extra to garnish

4 tablespoons milk

pinch of grated nutmeg

salt and pepper

sage leaves, to garnish

1 Heat the oil in a pan and sauté the onion, garlic, and sage for 5 minutes until golden. Add the rice and pumpkin, and stir-fry for 1 minute until the rice grains are coated in oil.

2 Add ⅔ cup stock and simmer, stirring frequently, for about 25 minutes, gradually adding more stock, until the rice is creamy and all the liquid is absorbed.

3 Meanwhile, blend the pine nuts, cheese, milk, and nutmeg in a blender or food processor until smooth. Stir this into the risotto, with the rest of the stock, and simmer for a further 5 minutes. Season with salt and pepper to taste, garnish with Parmesan shavings and sage leaves, and serve immediately.

Serves 4
Preparation time: 20 minutes
Cooking time: 35–40 minutes

pumpkin & sage risotto with pine nut sauce

fish & seafood

smoked haddock pizza

1. First prepare the dough. Sift the flour, yeast, and salt into a bowl. Make a well in the center and add the chopped herbs and oil. Gradually pour in the water, stir vigorously, drawing in the flour a little at a time, to form a soft dough. Knead for at least 10 minutes, or until the dough feels smooth and springy. Transfer to an oiled bowl, turning once to coat the dough. Cover the bowl with a clean cloth and leave to rise in a warm place for 1–2 hours, or until doubled in size.

2. Punch down the dough and knead again for 2–3 minutes. Roll out to a 12-inch circle, making the edge thicker than the rest.

3. To make the tomato sauce, put the oil, tomatoes, oregano, sugar, and salt and pepper in a pot and bring to a boil. Simmer briskly, uncovered, for 20–25 minutes, until the sauce is very thick. Spread the tomato sauce over the pizza base and sprinkle the haddock over it. Season with salt and pepper. Scatter over the parsley, scallions, and olives. Top the pizza with the grated cheese and bake in a preheated oven, 400°F, for 20 minutes. Serve hot.

■ If time is short, you can use a ready-made pizza crust. They are available from most large supermarkets.

Herb Dough:

2 cups unbleached all-purpose flour

1 teaspoon fast-action dried yeast

1 teaspoon salt

1 tablespoon chopped herbs

1 tablespoon olive oil

½ to ⅓ cup warm water

Topping:

3 tablespoons olive oil

a 13-oz. can chopped tomatoes

1 teaspoon dried oregano

pinch of sugar

10 oz. smoked haddock fillet, poached and flaked

2 tablespoons chopped parsley

3 scallions, finely chopped

½ cup black olives, pitted

1 cup grated Swiss cheese

salt and pepper

Makes 1 x 12-inch pizza
Preparation time: 30 minutes plus rising
Cooking time: 45–50 minutes

teriyaki grilled salmon steaks

1 Place all the ingredients except the salmon steaks in a small saucepan and bring to a boil. Simmer fast for 10 minutes, or until it is reduced to a thick glossy sauce. Set aside to cool.

2 Brush the grill rack with oil, brush the salmon all over with the glaze, and cook for 3–4 minutes on each side, or until charred and cooked through. Or, to cook indoors, place the fish under a preheated broiler for 3–4 minutes on each side. Serve immediately, with any remaining glaze.

1 tablespoon sunflower oil plus extra for greasing

1 tablespoon sesame oil

6 tablespoons teriyaki marinade sauce

2 tablespoons rice vinegar or white wine vinegar

1 tablespoon lime juice

2 tablespoons honey

four 6-oz. salmon steaks, patted dry

Serves 4
Preparation time: 15 minutes
Cooking time: 20 minutes

1 Remove the center bone from the salmon, then cut the flesh into cubes. Put the breadcrumbs on a flat plate and press the fish lightly into them to coat. Thread onto skewers.

2 Beat the butter with the vermouth and salt and pepper, to make a paste. Dot this onto the salmon.

3 Place the skewers along a broiler pan and broil for 5–7 minutes, turning over frequently. Transfer to serving plates and keep warm.

4 Pour any cooking juices into a small saucepan, add the oil, and heat. Stir in the sesame seeds, cook for 1 minute, then pour this over the kebabs. Serve immediately, garnished with lime slices and the lettuce.

a 2-lb. tailpiece of fresh salmon, skinned

½ cup dry white breadcrumbs

½ stick (¼ cup) unsalted butter, softened

5 tablespoons dry vermouth

1 tablespoon olive oil

2 tablespoons sesame seeds

salt and pepper

To Garnish:

lime slices

½ head frisé lettuce or curly chicory

Serves 4–6
Preparation time: 25 minutes
Cooking time: 5–7 minutes

salmon kebabs with vermouth

sea-spiced shrimp

6 dried shiitake mushrooms

½ cup hot water

2 tablespoons peanut oil

1 red bell pepper, cored, seeded, and diced

2 garlic cloves, finely chopped

1 red chile, seeded and finely chopped

12–16 raw tiger shrimp, peeled and deveined

1¼ cups hot Vegetable Stock (see page 9)

2 tablespoons oyster sauce

⅔ cup canned water chestnuts, drained and sliced

2 teaspoons cornstarch

salt and pepper

1 tablespoon finely chopped cilantro, to garnish

Serves 3–4
Preparation time: 15 minutes plus soaking
Cooking time: about 10 minutes

■ The water chestnut is the tuber of an aquatic plant. It is popular in Vietnamese and Chinese cooking.

1 Soak the dried mushrooms in the hot water, for 35–40 minutes. Drain the mushrooms over a bowl and reserve the soaking water. Cut the mushroom caps into small squares, discarding any hard stems.

2 Preheat a wok until hot. Add the oil and heat until hot, then add the red pepper, mushrooms, garlic, and chile, and stir-fry over medium heat for 2–3 minutes.

3 Add the shrimp and stir-fry for 1–2 minutes, or until they are just turning pink, then pour in the stock, oyster sauce, and water chestnuts. Stir well, then let the stock simmer gently for 1–2 minutes.

4 Blend the cornstarch to a paste with a little cold water, add it to the wok and stir to mix. Simmer, stirring, for 1–2 minutes, or until the sauce thickens, then taste for seasoning and adjust, if necessary. Serve hot, garnished with cilantro.

north african fish stew with couscous

1 Drain and rinse the chickpeas. Place in a pot and cover with water. Bring to a boil, reduce the heat, and simmer for 1 hour, or until tender. Drain well.

2 Heat the oil in a large flameproof casserole, add the onions, garlic, and celery, and cook for 10–12 minutes, or until softened and golden. Add the pepper, Harissa and cumin, and cook for 5 minutes. Add the tomatoes, tomato paste, carrots, saffron, stock, and drained chickpeas. Bring to a boil, reduce the heat, and simmer gently for 15 minutes. Season to taste.

3 Meanwhile, prepare the couscous according to the package instructions and keep warm. Add the fish pieces to the stew and cook for 5 minutes, or until they are opaque. Stir in the herbs and season to taste with salt and pepper. Serve the stew spooned over the couscous and garnished with cilantro sprigs.

¾ cup chickpeas, soaked overnight

¼ cup olive oil

2 onions, cut into small wedges but still attached at the root

1–2 garlic cloves, sliced

1 celery stalk, sliced

1 red or green pepper, cored, seeded, and cut into strips

1 teaspoon Harissa (see opposite)

1 teaspoon ground cumin

1 generous cup peeled and chopped ripe tomatoes

1 tablespoon tomato paste

2 carrots, sliced

large pinch of saffron threads

5 cups Fish Stock (see page 9)

2⅔ cups couscous

2–2½ lb. firm white fish (e.g., bass, mullet, bream, snapper, cod), scaled, gutted, and cut into large pieces

4 teaspoons chopped parsley

4 teaspoons chopped cilantro

salt and pepper

sprigs of cilantro, to garnish

Serves 4–6

Preparation time: 30 minutes plus soaking

Cooking time: 1¾ hours

harissa

1 Place the chiles in a bowl, pour boiling water over them to cover, and leave to soak for 30 minutes. Drain and place in a spice grinder, or mortar, with the remaining ingredients, and add the olive oil last to make a paste. Spoon into a clean, dry jar, and drizzle over a little oil to seal. Store in the refrigerator.

2 oz. (1 generous cup) dried red chiles, seeded

3 garlic cloves, crushed

1 teaspoon salt

1 teaspoon caraway seeds

1 teaspoon ground cumin

1½ teaspoons coriander seeds

1 teaspoon dried mint

½ cup olive oil plus extra for sealing

Makes 2 oz.

Preparation time: 10 minutes plus soaking

crab cakes with mango salsa

1 Carefully pick over the crabmeat to remove any small pieces of shell that may remain. Place in a food processor and process until fairly smooth. Transfer to a large bowl, beat in all the remaining ingredients, and season with salt and pepper to taste. Cover and chill for 1 hour. Preheat the oven to its lowest setting.

2 Meanwhile, make the salsa. Combine all the ingredients in a bowl and season with salt and pepper to taste. Set aside.

3 With damp hands, divide the crab mixture into 8 and shape each one into a small cake. Just cover the bottom of a nonstick frying pan with vegetable oil and fry the crab cakes, 2 at a time, over a high heat, to seal on both sides. Lower the heat and fry for 2–3 minutes, until cooked through.

4 Drain on paper towels and keep warm while cooking the remaining crab cakes. Serve with the mango salsa and lime wedges, if you like.

12 oz. (1½–2 cups) lump crabmeat

3 cups fresh white breadcrumbs

3 tablespoons mayonnaise

4 scallions, finely chopped

1 garlic clove, crushed

1 teaspoon grated fresh ginger

2 tablespoons grated lime zest

grated zest and juice of ½ lemon

1 small egg, lightly beaten

vegetable oil for frying

salt and pepper

lime wedges (optional), to serve

Mango Salsa:

½ small ripe mango, peeled and sliced

1 tablespoon chopped red onion

1 tablespoon chopped cilantro

1 small red chile, seeded and chopped

1 tablespoon dark soy sauce

1 tablespoon lime juice

1 teaspoon honey

Serves 4
Preparation time: 8–10 minutes plus chilling
Cooking time: 25–30 minutes

1 Cook the potatoes in a large pot of salted boiling water for 10–12 minutes. Drain well, rinse under cold water, and cut into cubes, then set aside.

2 Meanwhile, heat the oil in a frying pan and fry the onion, garlic, herbs, and peppers for about 5 minutes, or until golden. Add the sherry and boil rapidly for 5 minutes. Set aside to cool.

3 Grease an ovenproof dish. Arrange the potatoes in the bottom and top with the fish steaks, bay leaves, and the red pepper mixture, along with all the pan juices. Cover with foil and bake for 20 minutes in a preheated oven, 400°F. Remove the foil and bake for a further 10 minutes, or until the fish is cooked and tender.

1 lb. (around 4 medium) boiling potatoes

¼ cup olive oil plus extra for greasing

1 small onion, thinly sliced

1 garlic clove, crushed

1 tablespoon chopped thyme

1 teaspoon dried oregano

2 red bell peppers, cored, seeded, and thinly sliced

⅔ cup dry sherry

six ¼-lb. hake steaks, washed and dried

2 bay leaves

salt and pepper

Serves 6
Preparation time: 10 minutes
Cooking time: 50 minutes

hake baked with potatoes & peppers

1. Blend the yeast and the water. Sift the flour and salt into a large bowl, make a well in the center, and pour in the oil and yeast mixture. Knead to a soft, elastic dough; this will take about 8 minutes by hand or about 4–5 minutes in a food processor. Cover and let rise in a warm place for 2½–3 hours, or until doubled in size.

2. Meanwhile, make the tomato sauce. Heat the oil in a pan, add the garlic and shallots, and cook for about 5 minutes, or until golden. Add the tomatoes, wine, and mixed herbs. Bring to a boil and cook rapidly for 20 minutes, or until thickened. Season with salt and pepper to taste, and let cool.

3. Place the dough on a floured surface and knead lightly. Roll it out to fit a baking sheet measuring 10 x 12 inches. Flip the dough as you roll it, to prevent shrinking. Using your fingertips, push the dough from the center outward to make the edges twice as thick as the rest.

4. Spread with the tomato sauce and sprinkle over with the oregano. Spoon the chiles, tuna, and shrimp over it, and sprinkle with the cheese. Arrange the anchovies in a lattice over the top, and decorate with the olives.

5. Slide the pizza onto a hot baking sheet, and bake in a preheated oven, 450°F, for 15–20 minutes. Cut in slices and serve immediately.

1 tablespoon (½ oz.) fresh yeast

⅔ cup warm water

1¾ cups flour

1 teaspoon salt

1 tablespoon olive oil

Tomato Sauce:

1–2 tablespoons oil

1 garlic clove, crushed

2–3 shallots, chopped

¾ cup peeled, seeded, and chopped tomatoes

⅔ cup dry white wine

1 teaspoon dried mixed herbs

salt and pepper

Topping:

1 tablespoon dried oregano

2–3 green chiles, seeded and thinly sliced

a 6- or 7-oz. can tuna, drained and flaked

a scant cup cooked peeled shrimp

1 cup grated Bel Paese or mozzarella cheese

a 2 oz. can anchovies, drained

⅓ cup sliced stuffed olives

Serves 4–6
Preparation time: 20 minutes plus rising
Cooking time: 35–40 minutes

homemade seafood pizza

swordfish provençal

1 Cut the swordfish steaks in half, place in a shallow dish, and add the marinade ingredients, with salt and pepper to taste. Chill for several hours, turning occasionally.

2 Remove the fish with a slotted spoon and reserve the marinade. Heat the oil in a large pan, add the fish, and fry for 5 minutes. Transfer to a casserole.

3 Add the onion, tomatoes, beans, olives, capers, oregano, and the reserved marinade to the pan and cook, stirring, for 5 minutes. Transfer to the casserole and season with salt and pepper to taste. Cook in a preheated oven, 350°F, for about 35–40 minutes. Remove and discard the bay leaf. Garnish with basil sprigs and serve the fish immediately.

2 swordfish steaks

1 tablespoon sunflower oil

1 onion, sliced

1½ lb. (around 2¼ cups) tomatoes, sliced

1½–1¾ cups green beans, cut in half

⅔ cup green olives, pitted

2 tablespoons capers

2 teaspoons chopped oregano

basil sprigs, to garnish

Marinade:

⅔ cup dry white wine

¼ cup lemon juice

1 small onion, sliced

1 bay leaf

2 thyme sprigs

2 parsley sprigs

2 rosemary sprigs

2 garlic cloves, crushed

salt and pepper

Serves 4

Preparation time: 15 minutes plus chilling

Cooking time: 45–60 minutes

1 Heat the oil in a large frying pan over medium heat. Add the ginger and chile and cook briefly for 10 seconds. Add the onion and garlic and cook for 3 minutes, or until the onion is softened but not browned.

2 Stir in the turmeric and coriander and cook gently for 1 minute. Add the lime zest, lime juice, the fish pieces, and the coconut milk. Season with salt and pepper to taste. Cook gently for 10 minutes, stirring occasionally, being careful not to break up the fish.

3 When the fish is cooked, lift it out onto a warmed serving plate. Let the sauce simmer for 1 minute. Pour it over the fish and serve immediately.

2 tablespoons oil

1 teaspoon finely chopped fresh ginger

1 green chile, seeded and finely chopped

1 onion, chopped

1 garlic clove, crushed

1 teaspoon ground turmeric

2 teaspoons ground coriander

1 teaspoon grated lime zest

2 teaspoons lime juice

1½ lb. cod fillet, skinned and cut into bite-size pieces

⅔ cup coconut milk

salt and pepper

Serves 4
Preparation time: 10 minutes
Cooking time: 15 minutes

caribbean fish curry

■ The coconut milk used in this recipe is not the same as the liquid found inside the nutshell. It can be made by combining grated fresh coconut and water. It is also available in cans at supermarkets.

16 small sardines, scaled, heads removed, cleaned, washed, and dried

½ cup parsley leaves

½ cup fresh mixed herbs, such as basil, chives, mint, parsley

1 garlic clove, chopped

1 tablespoon capers, rinsed

2 canned anchovy fillets in oil, drained and chopped

1 teaspoon Dijon mustard

½ cup extra-virgin olive oil

salt and pepper

basil sprigs, to garnish

To Serve:

lime wedges

crusty French bread

Serves 4
Preparation time: 10 minutes
Cooking time: 6 minutes

1 Place the sardines on an oiled broiler pan. Place all of the remaining ingredients in a blender or food processor along with 2 tablespoons warm water, and blend to a smooth paste. Season with salt and pepper to taste.

2 Spread a little salsa over the fish and place under a preheated moderate broiler for 3 minutes. Turn the fish over, spread with a little more salsa, and broil for a further 3 minutes, or until the sardines are cooked.

3 Garnish the sardines with sprigs of basil and serve immediately, along with extra salsa verde, lime wedges and French bread.

sardines with salsa verde

soy marinated tuna with avocado dressing

1 Mix all the marinade ingredients together. Coat the fish in the marinade and allow the fish to marinate for at least 30 minutes. Remove the tuna from the marinade.

2 Cook the tuna steaks on a preheated griddle (or frying pan) for about 6 minutes on each side.

3 Meanwhile, put the avocado in a bowl, mash it with a fork, and blend in the remaining ingredients. Serve with salad leaves and a spoonful of dressing over each steak, and garnish with chives.

four 5-oz. fresh tuna steaks

chives, to garnish

salad leaves, to serve

Soy Marinade:

2 tablespoons oil

2 tablespoons light soy sauce

1 tablespoon lemon juice

½ teaspoon ground cumin

Avocado Dressing:

1 avocado, peeled

3 tablespoons sour cream

1 teaspoon lemon juice

Serves 4
Preparation time: 5–7 minutes plus marinating
Cooking time: about 10–15 minutes

four 5-oz. tuna steaks

flour, for dusting

3 tablespoons olive oil

1 onion, chopped

2 garlic cloves, crushed

1½ lb. (2¼ cups) peeled and chopped tomatoes

1 tablespoon chopped parsley

1 tablespoon chopped basil

1 bay leaf

4 canned anchovy fillets, drained and mashed

8 black olives

salt and pepper

basil leaves, to garnish

Serves 4

Preparation time: 15 minutes

Cooking time: 30 minutes

1 Rinse the tuna steaks and pat dry with paper towels. Season with salt and pepper, and then dust the steaks lightly with flour.

2 Heat half of the olive oil in a large, shallow frying pan and sauté the tuna steaks for about 6 minutes on each side, or until golden. Carefully remove them from the pan and then transfer to a dish to keep warm.

3 Add the remaining oil to the pan and sauté the onion and garlic for about 5 minutes, or until golden and soft. Add the tomatoes, parsley, basil, bay leaf, and mashed anchovies, and stir well. Bring to a boil and then continue boiling until the mixture reduces and thickens slightly.

4 Return the tuna to the pan, season with salt and pepper to taste, and simmer gently for about 15 minutes, turning once. Turn off the heat, add the olives, and leave to stand for 5 minutes. Discard the bay leaf and transfer the tuna steaks in their sauce to a warmed serving dish, and garnish with basil leaves.

tuna steaks with tomatoes

grilled fish steaks with garlic butter

four 6-oz. fish steaks (e.g., halibut, cod, swordfish, salmon), washed and dried

lemon and orange wedges, to serve

1 Place the fish steaks in a shallow dish. Combine all the marinade ingredients, pour them over the fish, cover, and marinate in the refrigerator for several hours or preferably overnight. Remove the fish from the refrigerator and allow to return to room temperature for 1 hour.

2 Make the garlic butter. Melt a tablespoon of the butter and fry the shallots and garlic for about 5 minutes, or until softened but not browned. Allow the mixture to cool before beating it into the remaining butter, herbs, and salt and pepper.

3 Remove the fish from the marinade and place on an oiled grill rack. Brush with the marinade and cook for 3–4 minutes on each side, basting frequently, until the fish is charred and cooked through. Or, to cook indoors, cook under a preheated, broiler. Serve at once, topped with the garlic butter and with lemon and orange wedges.

Marinade:

¼ cup olive oil plus extra for greasing

grated zest of 1 orange

grated zest of 1 lemon

1 garlic clove, crushed

1 fresh red or green chile, seeded and sliced

4 thyme sprigs

2 bay leaves, bruised

2 teaspoons coriander seeds, crushed

Garlic Butter:

1 stick (½ cup) unsalted butter

2 shallots, diced

1 garlic clove, crushed

2 tablespoons chopped fresh herbs

salt and pepper

Serves 4

Preparation time: 10 minutes plus marinating and standing

Cooking time: 15 minutes

index

meatless cuisine

« Da Nazaret può mai venire qualcosa di buono ? »

E' la replica di Natanaele, che sarà apostolo, all'amico Filippo, desideroso di presentargli un certo Gesù, singolare figlio di un falegname d'un villaggio poco noto della campagna di Galilea.

La stessa cosa si sarebbe potuta dire di Lourdes nell'anno 1858. Cosa aveva di più e di diverso da altre città o villaggi del mondo questo piccolo borgo di 3393 abitanti ?

Poteva esser fiero del suo castello « come un gallo lo è della sua cresta ». La vecchia fortezza, che ostruiva l'accesso alle valli superiori, ricordava in fondo, qui come altrove, che l'uomo è un lupo per l'uomo e che i suoi istinti di aggressività e di dominio lo fanno oscillare sempre tra violenza e paura. E ciò a spese dei piccoli e dei poveri.

In effetti, se Lourdes riesce a vantare una storia, se i grandi di questo mondo hanno lasciato una traccia, quasi sempre si tratta di guerre e battaglie. Difficile trovare altri ricordi.

Ne è un esempio la leggenda di Mirat. Questo capo saraceno aveva tenuto testa a Carlomagno, facendogli pervenire una trota, perché capisse che poteva resistere a lungo all'assedio. Oggi lo stemma della città ne porta con fierezza il ricordo.

Nel 1208 c'era stata la guerra degli Albigesi e l'assedio di Simone di Montfort. Gli invasori inglesi s'erano impossessati del castello nel 1360 e, nove anni dopo, Du Guesclin non ce l'aveva fatta a riconquistarlo. L'impresa riuscì, invece, a Gaston Phœbus, per conto del Re di Francia, nel 1377. Gli inglesi furono mandati via nel 1407.

Anche negli anni successivi, il castello continua ad essere conteso nel corso di guerre religiose. E' il caso del periodo che va dal 1569 al 1607. I protestanti della vicina regione del Béarn di Enrico IV e di Giovanna d'Albret combattono a morte con i cattolici della Bigorre e la povera città di Lourdes, a causa dei suoi vecchi torrioni, è continuo oggetto di contesa e di saccheggi... Una storia triste e poco gloriosa !

Poi la guerra s'allontana. Vauban apprezzerà questa inespugnabile roccaforte, vicina al confine spagnolo. Ben presto, però, il castello sarà, sotto la Rivoluzione francese, solo una prigione di Stato, o prigione del popolo, e infine una squallida caserma.

Ai nostri giorni è stato restaurato ed è oggi sede d'un interessante Museo dei Pirenei, dove ogni anno vengono organizzate delle mostre che fanno rivivere la vita ed il folclore di questo meraviglioso paese. Nella vecchia cappella si conservano originali e ricche statue dell'antica chiesa di Lourdes, purtroppo distrutta agli inizi del secolo.

Dall'alto delle sue mura è possibile vedere quel che resta della vecchia Lourdes : un aggrovigliarsi di vicoli e di povere case addossate. Nella stretta via « des Petits Fossés » si trova l'ormai celebre « Cachot » (gattabuia, prigione), dove ogni anno passano più di 400 000 pellegrini.

La Francia, passando attraverso queste violenze, era riuscita ad arrivare all'unità. Napoleone, partito in guerra contro il tiranno e divenuto Imperatore, aveva centralizzato il potere e creato una nuova organizzazione. I signori della guerra e gli avventurieri facevano posto ad una nuova aristocrazia, quella dei funzionari, dei commercianti e dei notabili.

Lourdes, piccola città di provincia, si limitava a sognare il passato, poiché il presente era cupo. Dal punto di vista amministrativo, le era stata preferita la vicina Argelès, con la sua valle ridente e piena di sole. Alle prese con i venti caldi o freddi che vanno dal Sud al Nord delle sette valli del Lavedan e con quelli che soffiano da Ovest verso Est, risalendo il Gave (torrente nel dialetto locale), Lourdes, con i suoi 430 m. d'altitudine, non era un luogo ambito da villeggianti e turisti.

Con una certa malinconia, da primavera ad autunno, gli abitanti d'allora vedevano passare le grosse diligenze e le ricche carrozze che portavano a Cauterets, Barèges, Luz-Saint-Sauveur, l'aristocrazia e la ricca borghesia che dovevano andare a « prendere le acque » e a fare, d'altro canto, la fortuna di Hotel dai nomi altisonanti.

Nei vari « Hotel dei Principi », « Hotel Imperiale », « Hotel di Londra » che assicuravano un grande confort, i mylord e i benestanti, gli artisti e le signore mondane, conducevano una vita agiata, lasciando al sindaco di Lourdes e alla stessa popolazione un pizzico d'invidia.

Tuttavia Lourdes aveva il suo « mondo ». C'era un tribunale. I magistrati, gli avvocati, il procuratore ed il commissario vegliavano per far rispettare la legge. Alcuni ufficiali comandavano un distaccamento di soldati a Vizens, mentre al castello c'erano dei funzionari che provvedevano all'amministrazione imperiale.

Il mercato settimanale attirava la gente dei dintorni. I notabili si ritrovavano « fra di loro » al « Café Français » e si ritenevano « uomini illuminati », al contrario della povera gente della « classe inferiore ». I poveri avevano le loro taverne e locande. Qui si davano appuntamento i cavapietre, i mugnai, i tagliapietre, i contadini o i semplici braccianti che prestavano il loro servizio per 1,20 f. al giorno... Sulle liste comunali c'era segnato addirittura qualche mendicante. Non tutti votavano. Per farlo occorreva un certo reddito. Fra questi poveri, una famiglia povera : i Soubirous.

Non sempre lo erano stati, ma da quattro anni la sfortuna s'era accanita su di loro. Maledizione o segno ?

Cauterets : Il lago di Gaube

« Sono poveri, così poveri come lo era Nostro Signore »

E' una considerazione scritta di Antoinette Tardhivail, una santa donna vicina dei Soubirous. Fin dal 29 marzo 1858 aveva avuto quest'intuizione sul senso della loro povertà : non pietosa decadenza di gente « che non sa sbrogliarsela » o di « fannulloni », come con fin troppa facilità vengono definiti i poveri, ma esperienza privilegiata in vista d'una storia straordinaria, nella quale a noi oggi è possibile leggere una sorprendente somiglianza col Vangelo.

E' la Buona Novella d'un Dio che viene verso di noi, non con prestigio e potenza, ma come umile mendicante d'amore, annunciato nella grotta di Nazaret, nato nella grotta di Betlemme, « perché non c'era posto per loro nell'albergo ».

La Grotta di Nazaret

Betlemme - La Grotta dei pastori

In Gesù, la povertà è un segno di Dio e non una maledizione, un invito alla lungimiranza per i ricchi e un ricordo della loro dignità per gli indigenti.

LA POVERTA' EVANGELICA E' IL PRIMO PUNTO DEL MESSAGIO DI LOURDES.

Le difficoltà dei Soubirous erano, comunque, reali. Dopo il matrimonio del mugnaio François di 36 anni, con « la graziosa bionda dagli occhi azzurri » Louise Casterot, più giovane di 18 anni, erano passati una decina d'anni vissuti dignitosamente e le classiche interferenze dei suoceri non erano riuscite ad intaccare il profondo e pudico amore di François e Louise. Il matrimonio era stato celebrato il 9 gennaio del 1843.

Un anno dopo, **il 9 gennaio 1844, le campane annunciavano il Battesimo** della nostra Bernadette, due giorni dopo la sua nascita. La vita, poi, era trascorsa semplicemente, come le acque del Lapaca, che azionavano le macine del Mulino di Boly, il mulino della serenità d'una coppia fedele alle tradizioni cristiane.

Tuttavia, un incidente aveva turbato per un momento questa serenità. Mamma Soubirous, ustionata ad un seno nel novembre 1844, era obbligata ad affidare Bernadette ad una nutrice di Bartrès per 18 mesi.

Nel 1854, Bernadette ha 10 anni. La sua infanzia è stata tutto sommato lieta e ciò sarà motivo d'equilibrio per il resto della sua vita. Ora, però, una serie di sventure bussano alla porta. Un giorno, papà Soubirous, riparando le mole, perde un occhio a causa d'una scheggia. Per la festa di S. Giovanni, la famiglia non è più in grado di pagare l'affitto e così sono costretti ad abbandonare il mulino della serenità, nonostante per decenni avessero regolarmente pagato. La generosità dei mugnai, che fanno credito ai poveri, ha reso un cattivo servizio ai Soubirous e le cose non andranno meglio al mulino Baudéan.

Nell'autunno 1855, il colera s'abbatte sulla piccola città e fa 38 morti nel giro di poche settimane. Anche Bernadette è colpita dalla malattia e si salva per un soffio. Le resterà, però, un'asma tenace per il resto dei suoi giorni. Di nuovo la famiglia è costretta a cambiare alloggio e ad andare ad Arcizac. I cattivi raccolti hanno infierito : poco grano e poco lavoro per il mugnaio. E' il fallimento.

1856 : a Lourdes c'è la carestia.

L'Imperatore, in villeggiatura a Biarritz, se ne preoccupa e invia alcuni carri militari con della farina da distribuire gratuitamente ai poveri. Soubirous, maestro mugnaio, diventa « bracciante ». Presta la sua opera per 1.20 f. al giorno (quando quella d'un cavallo costava 1.50 f.). Louise fa il bucato e lavora nei campi per conto d'altri.

Bernadette resta a casa per badare ai fratellini e alle sorelline. Niente scuola e niente catechismo. Prima di tutto sopravvivere !

1857 : Per avere una bocca in meno da sfamare, Bernadette è impiegata come cameriera in una taverna. I suoi non sono più in grado di pagare nemmeno l'affitto del « piccolo bugigattolo » della casa di Rives-Pélat e sono di nuovo costretti a sloggiare. Questa volta approdano al « Cachot », prigione in disuso per insalubrità dal 1824. Ne è proprietario il cugino Sajous, che dà loro per niente questo locale che possiede al pianterreno nella « rue des Petits Fossés ».

27 marzo : I gendarmi arrestano François, accusandolo di aver rubato due sacchi di farina al fornaio Maisongrosse. Questi ammetterà più tardi : « E' lo stato della sua miseria che mi ha fatto credere che potesse essere l'autore del furto ». Viene provato, invece, che non è stato lui, ma François ha ormai fatto otto giorni di prigione.

Di fronte a tanta sventura, non è difficile immaginare lo sgomento al Cachot e nel cuore di Bernadette, che adesso è un'adolescente di 13 anni. L'inverno s'annuncia rigido e, per avere ancora « una bocca in meno da sfamare », Bernadette è inviata per servire

San Michel Garicoits

Tutta la regione parlava della santità di P. Michel Garicoits. Questo personaggio fuori del comune venne qualche volta al Mulino di Boly, dove riceveva in dono qualche sacco di farina per i poveri, dei quali s'occupava con grande impegno.

Portò pace e chiarezza in mezzo alle difficoltà che la presenza autoritaria della suocera e delle cognate provocava nella nuova famiglia dei Soubirous.

Lo ritroveremo ancora dopo le Apparizioni.

Fu un consigliere lungimirante per il vescovo che lo venerava e per Bernadette che lui stesso interrogò.

San Michel Garicoits

Il Santuario di Betharram

nella fattoria della nutrice a Bartrès. Al posto della scuola e del catechismo promesso per la preparazione alla Prima Comunione, le tocca occuparsi di maiali e pecore e svolgere le mansioni d'una domestica.

A quanto la rende solidale con la povertà dei suoi, Bernadette dice di sì. Non aggiungerà la propria tristezza alla loro e trova nella fede semplice, in cui è stata educata, la molla che le impedisce di chiudersi come un'adolescente testarda, sognatrice o ribelle. Dirà con sorprendente lucidità : « Quando si sa che Dio lo permette, non ci si lamenta ».

Tuttavia, c'è una cosa che non accetta : l'essere ancora esclusa da ciò che è normale per la sua fede cristiana, il diritto cioè d'imparare a leggere per studiare il catechismo, passaggio obbligato per ricevere la Comunione.

Allora, la dolce Bernadette rivela un carattere forte e deciso. Strappa ai suoi il permesso di tornare a Lourdes e impone alla padrona, la signora Laguës, la sua partenza da Bartrès :

« Il Parroco di Lourdes vuol farmi fare la Comunione ». E' tutto detto.

20 gennaio 1858 : L'intrepida Bernadette ritorna alla miseria del Cachot e comincia a frequentare la scuola dalle Suore, nella « classe gratuita », quella dei poveri, con le piccole di 7 - 8 anni.

C'era da lottare, a causa del ritardo accumulato, con il difficile apprendimento dell'alfabeto e delle parole, mentre i compagni della sua età erano già a proprio agio nel leggere, nello scrivere e nel fare i calcoli.

C'era soprattutto da « ficcare nella sua povera testa », come lei stessa dice, le formule astratte d'un catechismo impossibile.

« Dio ha scelto ciò che nel mondo è debole, Dio ha scelto ciò che nel mondo è ignobile e disprezzato... ». Tre settimane dopo è l'**11 febbraio 1858**.

Interno del « Cachot »

Interno della casa di Bartrès ▶

Nel buio, la luce

Giovedì **11 febbraio**, un mattino gelido e buio come non mai. Fuori c'è la nebbia e pioviggina. Al Cachot non c'è più legna : è stata venduta il giorno prima per avere qualcosa da mangiare. Malgrado il rischio d'una crisi d'asma, Bernadette strappa alla mamma il permesso per uscire con la sorella Toinette e l'amica Jeanne Abadie, soprannominata Baloume.

Le nostre tre s'incamminano verso il Gave, attraversano il prato del mulino di Savy (oggi il grande piazzale dei Santuari), ma non raccolgono la legna di questa proprietà. « Non siamo dei ladri », dice Bernadette. Vanno un po' oltre, « laddove il canale dei mulini si congiunge col Gave ». Qui c'è « la tute aux cochons » (riparo per maiali), un angolo sotto

la roccia dove l'acqua deposita legna e detriti : un vero e proprio tesoro per queste bimbe povere, che venderanno il raccolto alla straccivendola di Lourdes. Saranno 20 soldi di pane per la giornata, guadagnati in questo posto dove il Sig. Samson conduce i maiali del municipio.

Il Cielo ha certamente uno strano modo di fare le cose, ma, per i cuori che sanno andare al di là delle apparenze, si tratta d'un segno straordinario. Lasciamo ora che sia Bernadette stessa a raccontarci i fatti. Li scriverà più volte in termini praticamente identici. Quello che segue è il primo racconto, scritto il 28 maggio 1861, quando iniziava appena a saper scrivere :

« Ero andata sulla sponda del Gave assieme ad altre due ragazze per raccogliere della legna. Loro attraversarono l'acqua e si misero a piangere. Chiesi il perché e mi risposero che l'acqua era fredda. Le pregai d'aiutarmi a gettare delle pietre nell'acqua per poter passare senza togliere le scarpe, ma mi dissero

La Grotta nel 1858 (così com'era al momento delle Apparizioni)

14

che dovevo fare come loro. Andai, allora, un po' oltre per vedere di poter passare senza togliere le scarpe. Non mi fu possibile. Ritornai, allora, davanti alla Grotta per togliere le scarpe. Avevo appena cominciato, quando sentii un rumore. Mi girai nella direzione del prato e vidi che gli alberi non si muovevano affatto. Continuai a togliere le scarpe e sentii lo stesso rumore. Alzai la testa guardando la Grotta. Vidi una Signora vestita di bianco : aveva un abito bianco ed una fascia azzurra e una rosa gialla su ognuno dei piedi, dello stesso colore della corona del suo rosario. Dopo aver visto questo, mi stropicciai gli occhi ; credevo ad un abbaglio. Misi la mano in tasca e vi trovai il mio rosario. Volevo fare il segno della croce, ma non potei portare la mano alla fronte ché cadde.

La visione fece il segno della croce. Allora, la mano tremante, tentai di nuovo e riuscii. Pregai con il rosario, mentre la visione faceva scorrere i grani del suo, senza muovere le labbra. Quando ebbi finito, la visione scomparve all'improvviso. Domandai alle altre se avessero visto qualcosa, ma mi risposero di no. Mi domandarono allora di che cosa si trattasse e di dirglielo. Risposi d'aver visto una Signora vestita di bianco, ma che non sapevo cos'era, e che non dovevano dirlo ».

Toinette e Baloume hanno promesso di non dir nulla. Perciò... nelle ore successive la

Fac-simile del racconto manoscritto di Bernadette

notizia fa il giro della città. Mamma Soubirous si adira e sgrida Bernadette. Pensierosa e timorosa, le proibisce d'andare alla Grotta. Ma ormai se ne parla a scuola e se ne parla pure in città. Siamo nel periodo di carnevale : diventa naturale parlare di « pagliacciate ».

Domenica 14 febbraio, l'obbediente Bernadette, che respinge in cuor suo il desiderio dolce e potente d'andare a Massabielle, è coinvolta dai compagni di scuola, che sono riusciti ad ottenere il permesso dai Soubirous. Flacone d'acqua benedetta alla mano (non si sa mai), vanno di corsa verso la « tute ».

Per Bernadette è il secondo incontro : un'estasi con una gioia meravigliosa, che sconvolge i ragazzi e fa accorrere qualche persona adulta, come dal vicino mulino il mugnaio Nicolau. Louise Soubirous, avvertita, arriva con un bastone e con la proibizione definitiva di tornare in questa « benedetta » Grotta. E grida : « Sono delle illusioni, non voglio che torni ».

Giovedì 18 febbraio, malgrado tutto, Bernadette è là prima che faccia giorno. C'è con lei la Signora Milhet, la « padrona » che offre a Louise qualche piccolo lavoro ed un po' di pane per il Cachot. E' riuscita ad avere l'autorizzazione per accompagnare Bernadette, in segreto, all'appuntamento di Massabielle. E' presente pure la Signorina Peyret, la figlia dell'ufficiale giudiziario, che ha portato carta e penna perché Bernadette domandi alla visione di scrivere il suo nome.

A questa divertente richiesta da parte di Bernadette, che è analfabeta, la Signora sorride :

« QUANTO DEVO DIRLE NON E' NECESSARIO METTERLO PER ISCRITTO ».

E, più seria, aggiunge il primo messaggio importante :

« VUOLE AVERE LA GENTILEZZA DI VENIRE QUI PER QUINDICI GIORNI ?

NON LE PROMETTO DI RENDERLA FELICE IN QUESTO MONDO, MA NELL'ALTRO ».

E tuttavia, una felicità sconosciuta, la felicità dell' « altro mondo », invade il cuore di Bernadette, che promette di venire fedelmente.

D'ora in poi, i testimoni delle Apparizioni saranno contagiati dalla gioia che irradia dal suo volto.

Non vedono niente, ma la sensazione d'una presenza è molto forte.

Bernadette dirà : « Mi guarda come una persona guarda un'altra persona. Mi dà del lei. Mi parla in dialetto ».

L'oscura « tute aux cochons » della montagna di Massabielle è diventata un luogo di luce, dove « l'altro mondo » si manifesta al nostro povero mondo e lo impregna della sua gioia.

Vien naturale ricordare l'episodio del Vangelo, quando Gesù prende con sé Pietro, Giacomo e Giovanni, e sul monte Tabor manifesta loro chi era questo « figlio del falegname » che avevano seguito.

Passata la paura e, « entrati nella nube », esclamano : « E ' bello stare qui » !

Com'era bello pregare alla Grotta !

Il Monte Tabor

« Com'era felice l'anima mia, o Madre buona... quando avevo la gioia di contemplarti »

Queste parole saranno trovate in un quaderno, redatto da Bernadette otto anni più tardi. La felicità promessa non è solo quella dopo la morte ; è l'esperienza che fa colui che passa dalle preghiere alla Preghiera. E Bernadette passa dalla recita tradizionale del rosario al dialogo « dell'amico che parla con l'amico » : esperienza profonda e radiosa, che segna la folla che comincia ad accorrere e che aumenterà man mano che procede la QUINDICINA DELLE APPARIZIONI.

Venerdì 19 febbraio sono presenti otto persone, fra le quali Mamma Soubirous e la zia Bernarde, la madrina, un po' più rassicurate, malgrado la loro inquietudine, dalla seraficità di Bernadette in questa quarta Apparizione. Le è stato dato un cero quale ultimo baluardo di difesa !

Sabato 20 febbraio, sono trenta le persone che ritornano in città, commosse e colpite dal clima straordinario che irradia da questa povera Grotta. Don Pène, vicario della Parrocchia, interrogherà Bernadette su questa specie di beatitudine della Grotta, della quale in città parlano in molti. « Quando la vedo - risponderà - mi sembra di non essere più in questo mondo. E quando la visione scompare, sono sorpresa dal fatto di esserci ancora ».[1]

Domenica 21, sono presenti più di cento persone. E ci sono anche le forze dell'ordine, che cominciano a sorvegliare e contare. Il commissario Jacomet convoca Bernadette, la interroga, la minaccia e, infine, ottiene da François Soubirous, che non ci tiene a tornare in prigione, la garanzia di mettere un termine all'affare. Il dispiacere di Bernadette (« Non è bugiarda », afferma la madre) sconvolge i suoi.

Lunedì 22, Bernadette obbedisce all'ordine formale del padre. E a fatica si reca a scuola. Nel pomeriggio, però, una forza irresistibile la conduce a Massabielle, ma non c'è nessuna visione.

E Martedì 23, non cè commissario che tenga, Bernadette si ritrova alla Grotta per la settima Apparizione. In mezzo alla folla ci sono anche alcuni notabili pronti a prendersi gioco dei creduloni della « classe inferiore ».

Il Signor Estrade, un uomo freddo, funzionario delle Imposte, è stato inviato dal Parroco, don Peyramale, per « vedere cosa sta succedendo ». Beffardo, perché può assistere al « carnevale in Quaresima col permesso del Parroco », lui e Duffo, il Presidente degli avvocati, gli ufficiali della guarnigione e altri notabili rimangono sconvolti, commossi, entusiasti. La forza della preghiera, che emana da Bernadette, li trasforma in « credenti e testimoni ».

Ecco come Estrade, il freddo Esattore dei contributi, racconta le sue emozioni : « Oh, ora solenne della mia vita ! Ero sconvolto nel pensare che io, l'uomo dei sogghigni e dell'alterigia, ero stato ammesso ad occupare un posto vicino alla Regina del Cielo ».

A Massabielle sta davvero succedendo qualcosa.

Qualcosa che non si fermerà più. La « tute aux cochons », che ricorda la povertà evangelica, diventerà la « Grotta benedetta » che farà di Lourdes una « capitale della Preghiera ».

---

1 : Memorie Pène, 8.1.1878

E'bello stare qui

La testimonianza d'Estrade e dei suoi colleghi semina lo scompiglio al « Café Français ». Chi è contro e chi è a favore. In ogni caso, in un misto di curiosità e scetticismo, questi borghesi cominciano ad andare alla Grotta.

Non ha forse detto Estrade che « Bernadette nella sua estasi è più bella della celebre attrice Rachel » ?

Le forze dell'ordine, per prudenza, lasciano fare. Tuttavia, vengono registrati i nomi di quanti sono presenti e se ne fa un rapporto alle autorità superiori.

La stessa famiglia Soubirous (e che sorpresa !) comincia a ricevere una certa considerazione. La zia Bernarde ha preso posto alla destra della veggente, che è sua figlioccia e che a Lourdes chiamano ora la « piccola santa ». Ma a questo punto succede un dramma.

Bernadette e il castello

Sembrava che portasse tutte le sofferenze del mondo...

Questa riflessione di Marie Pailhes, una donna che in questo periodo osservò Bernadette da vicino, può riassumere quanto sta per accadere.

Mercoledì 24 febbraio : 250 persone si sono strette attorno a Bernadette. Hanno preso posto, come hanno potuto, tra il Gave e la roccia. Sono riuscite a vedere a malapena il velo di tristezza e le lacrime che per un momento hanno turbato il volto trasfigurato della veggente. Là e in città, ci si ripete la parola annunziata oggi :

« PENITENZA » !

« PREGHI PER LA CONVERSIONE DEI PECCATORI » !

Il messaggio è bello, così come è bello pregare a Massabielle. La gente arriva sempre più presto ed è felice, malgrado il freddo invernale e l'umidità del Gave, d'essere là per « vegliare e pregare ».

Giovedì 25 febbraio : i gendarmi hanno registrato più di 350 persone. Tutti quanti sono in attesa di Bernadette e della sua estasi radiosa. In questo periodo il tempo è stato bello, ma oggi piove e fa freddo. Bernadette arriva di buon'ora, nella nebbia del mattino, toglie il cappuccio, si separa dal cero, cammina verso il Gave e, infine, procede sulle ginocchia verso il lato sinistro del fondo della Grotta. Quando si rialza, ha il volto imbrattato di fango e irriconoscibile. E poi, si ha pure l'impressione che stia masticando l'erba che ha raccolta e portata alla bocca.

« Ma cosa sta facendo Bernadette » ?

« Questa ragazza è pazza » !

Sorpresa, smarrimento, stizza, ironia e collera, scuotono bruscamente la folla degli spet-tatori. La gente è scioccata, scandalizzata. « Gli sta proprio bene a quanti hanno abboccato... », scriveranno i giornali nei giorni seguenti, aggiungendo : « il posto di Bernadette è in manicomio ».

La zia Bernarde reagisce col piglio del capofamiglia e le dà uno schiaffo, come per dire : « finiscila con queste sciocchezze » ! Ed è la fuga verso il Cachot, fra la derisione generale.

« Giorno memorabile e pieno d'oscurità », scriverà Estrade, al quale i colleghi del Café Français, furiosi per essersi lasciati implicare in questa faccenda, fanno sentire il loro disprezzo e la loro ironia per questa « mocciosa dei bassifondi, che sarebbe più bella di Rachel... ».

« Mocciosa » è il termine che sarà ripreso per descrivere Bernadette imbrattata col fango ripugnante della « tute aux cochons ».

Anche il potere pubblico ha colto il cambiamento di clima e quella sera Bernadette è convocata dal Procuratore Imperiale Dutour, lo stesso che ha messo papà in prigione. Qui la prova è ancora più difficile che dal Commissario.

Per ben due ore, con la mamma in piedi accanto a lei, la piccola subisce il fuoco incrociato di domande, insidie, insinuazioni e accuse minacciose. La mamma non ce la fa più e sviene. E solo allora sono invitate ad accomodarsi su delle sedie.

Bernadette rifiuta e si siede per terra : « Le sporcheremmo », dice col piglio della montanara, che non può accettare tanto disprezzo.

Dopo la minaccia della prigione, il Procuratore è obbligato a lasciarle andar via. E' la stessa Bernadette a consolare la madre : « Non abbiamo fatto nulla di male ».

Nel drammatico smarrimento generale, Bernadette resta calma e, a chi è disposto ad ascoltarla, spiega il perché del suo singolare comportamento. Ieri ha pianto « perché la Signora , parlando dei peccatori, era triste ».

Oggi la Signora ha aggiunto :

« LE DISPIACEREBBE BACIARE LA TERRA E CAMMINARE IN GINOCCHIO PER I PECCATORI » ?

« LE DISPIACEREBBE MANGIARE QUELL'ERBA PER I PECCATORI » ?

« VADA A BERE ALLA SORGENTE E A LAVARSI ».

E Bernadette così racconta :

« Ero andata dapprima verso il Gave. Lei mi disse che non era là e mi fece segno col dito. Quando giunsi, vidi solo un po' d'acqua sporca e avvicinai la mano. Non potei prenderne e cominciai a scavare ; dopo potei prenderne. L'ho rigettata per tre volte ; alla quarta potei berne. E aggiunse che dovevo pregare per i peccatori ».

Per Bernadette tutto ciò ha un senso ed uno scopo. Sono in pochi ad aver intuito la gravità

L'agonia di Nostro Signore - Mosaico del Rosario

del momento. E' il caso di Marie Pailhes che, sconvolta dal viso della veggente, dirà più tardi : « Sembrava che portasse tutte le sofferenze del mondo ».

Ma i più si comportano, senza pensarci, come la folla che il Venerdì Santo abbandonò Gesù, lo stesso che pochi giorni prima aveva ammirato e acclamato. Quel mattino, colui che aveva affascinato le folle, appariva loro sfigurato, colpito, flagellato, coronato di spine.

Chi ricordava, fra quanti « scuotevano il capo », che la Bibbia aveva parlato del Servo del Signore come uno che non aveva « apparenza né bellezza », « verme, non uomo » ? Neanche gli amici avevano capito che egli si era « caricato delle nostre sofferenze, addossato i nostri dolori ».

Eppure, la vigilia della sua Passione, dopo aver istruito i suoi, aveva preso il pane e detto : « Questo è il mio corpo ». Poi aveva preso il vino e detto : « Questo è il mio sangue, il sangue dell'alleanza versato per molti ». Gli apostoli l'avevano accompagnato al Getsèmani, dove per tre volte aveva supplicato : « Abbà, Padre ! Tutto è possibile a te, allontana da me questo calice ! Però non ciò che io voglio, ma ciò che vuoi tu ».

La nona Apparizione è il vertice del Messaggio di Lourdes

L'acqua della Grotta ha un significato molto profondo. Non è semplicemente un'acqua purificatrice, o un'acqua che, a volte, produrrà delle guarigioni miracolose. E' il segno mistico dell'acqua che uscì, col sangue, dal costato di Cristo, trafitto dalla lancia del soldato. Coincidenza straordinaria, nella liturgia cattolica di quel giorno veniva ricordato questo episodio della Passione (vedere il Messale dell'epoca usato nella Parrocchia di Lourdes).

Senza saperlo e senza comprenderlo sul momento, Bernadette aveva mimato la Passione « per i peccatori ».

Chi poteva immaginare la passione d'amore del Cristo per i peccatori, quale passione drammatica avrebbe subito l'Agnello innocente, che si era caricato dei peccati del mondo ?

Gesù realizzava con la sua Passione ciò che l'agnello pasquale dei Giudei « riempito d'erbe amare » simboleggiava da secoli, ad ogni festa di Pasqua, anniversario della liberazione dall'Egitto e annuncio d'una liberazione più radicale di tutti gli uomini. Quale luce scaturì da quest'erba che Bernadette mangiò e che trovò « dura e amara » !

Per tutta la vita, Bernadette mediterà e approfondirà questa scoperta della Passione di Cristo, iniziata quel 25 febbraio, alla nona Apparizione. Per tutta la vita, approfondirà la compassione fraterna e la preghiera « per i peccatori ». Fino al momento della morte, quando la sua ultima parola sarà : « Pregate per me peccatrice ».

Per il momento, la ragazza, andando al di là dei problemi personali e di quelli della famiglia, scopre che c'è una miseria peggiore di quella del Cachot ed una violenza ancora più grande di quella che si sta producendo attorno a lei. C'è il terribile mondo del peccato che deforma il volto dei poveri « peccatori fratelli nostri », come dirà per tutta la vita.

Il messaggio di penitenza che d'ora in poi Bernadette trasmetterà tutti i giorni, in primo luogo mimandolo alla Grotta nei giorni successivi, va al di là dei gesti umili e ascetici, che conoscono tutte le religioni. La Penitenza, di cui ha parlato la Signora di Massabielle, è quella che, alla luce del volto del Cristo crocifisso, rivela la vera natura del peccato e la ricerca appassionata d'un Dio che non vuole che gli uomini si perdano e che affida, a quanti lo desiderano, il compito d'aiutarlo a salvare i suoi figli, loro fratelli.

Il giorno dopo (Venerdì 26 febbraio), ritornata alla Grotta, Bernadette sperimenta un vuoto ed un'assenza simili a quelli del Sabato Santo, giorno in cui tutto sembrava finito.

Il percorso della Via Crucis, che a Lourdes è stata eretta al di sopra della Grotta, sulla Montagna di Massabielle, aiuta il pellegrino a cogliere per intero quel messaggio, di cui ha fatto memoria andando a bere e a lavarsi alle fontane.

Passato il momento di sorpresa, comunque, la Quindicina delle Apparizioni ricomincia con fervore e con nuova profondità. E questo grazie anche alla straordinaria sicurezza di Bernadette, al flusso d'acqua della sorgente e, ben presto, ad alcune guarigioni.

Sabato 27 febbraio, si contano 800 persone.

Domenica 28, l'affuenza si fa ancora più grande. Ci sono 1150 persone e le autorità ricominciano ad essere inquiete.

Da Tarbes arriva il Comandante dei Gendarmi, Renault, per vedere quali misure prendere davanti a questa folla pericolosamente ammassata sulle rive del Gave.

Il Giudice Istruttore Ribes convoca anche lui Bernadette per dissuaderla dall'andare alla Grotta, ma non c'è niente da fare. Bernadette ha promesso « d'andarci per quindici giorni ».

Lunedì 1° marzo, stessa foila, stessa calma, stesso raccoglimento, stessi gesti di penitenza ai quali i presenti si uniscono. Un sacerdote, don Désirat, ignorando le proibizioni del Parroco, è là, vicino a Bernadette. Scriverà le proprie impressioni : « Ciò che mi colpisce sono la gioia e la tristezza che a turno si dipingevano sul suo volto... Rispetto, silenzio, raccoglimento regnavano ovunque. Oh, com'era bello esserci ! Sembrava l'anticamera del Paradiso ».

Si saprà dopo che, all'alba dello stesso giorno Catherine Latapie, incinta di 9 mesi, ha percorso, spinta da un forte e singolare intuito, i 9 km che separano il suo villaggio di Loubajac dalla Grotta per bagnare nell'acqua della sorgente il braccio paralizzato. Guarisce e, appena rientrata a casa, partorisce il terzo figlio : un piccolo Giovanni Battista.

Questa guarigione subitanea è il primo miracolo di Lourdes e sarà considerata un segno della verità delle Apparizioni (Lettera Pastorale del Vescovo del 1862).

In Parrocchia, il clero, diffidente e reticente su tutta la vicenda, constata uno stupefacente aumento di conversioni e non sa più che cosa pensare.

« Vada a dire... »

In effetti, è già passato un po' di tempo da quando questa storia è iniziata. Il 2 marzo, giorno della 13ª Apparizione, la piccola Bernadette dice d'avere una commissione da parte della Signora per il Parroco. Ci sarebbe da turbarsi al solo pensiero. Don Peyramale non ha la fama di essere un personaggio comodo. E' un uomo tutto d'un pezzo ; la sua voce è tonante e le sue reazioni vigorose. Per di più, è risaputo che questa storia della Grotta lo irrita e gli dà fastidio.

« VADA A DIRE AI SACERDOTI DI CO-STRUIRE QUI UNA CAPPELLA E CHE SI VENGA IN PROCESSIONE ».

Piena d'amore e di coraggio, Bernadette convince le zie Bernarde e Basile, nonostante la loro esitazione, ad affrontare questo Parroco che incute timore.

Le tre donne decise ad affrontare l'autorità ecclesiastica sono tre laiche e non delle religiose, nemmeno delle Figlie di Maria[1]. Fanno un tentativo per avere l'appoggio del vice Parroco, il dolce don Pomian, ma senza successo, e giungono alla casa parrocchiale.

L'accoglienza è glaciale. Bernadette è appena giunta a metà commissione, quando cominciano a piovere fulmini a ciel sereno : « Bugiarda ! - grida il Parroco - E' davvero una disgrazia avere una famiglia che semina disordine in Parrocchia ».[1] Poi si rivolge alle zie : « Fermatela ! Impeditele di andare in questa Grotta ». Sconvolte, le due zie se ne vanno e Bernadette le segue perplessa. La collera del Paroco le ha impedito di riferire per intero il messaggio : non è riuscita a parlare della « Cappella ».

Ma Bernadette è decisa ad andare sino in fondo. Va a trovare Dominiquette Cazenave, che sa come ammansire il buon Parroco e, a sera, è ricevuta per un interrogatorio in piena regola davanti a tutto il clero della Parrocchia. Così ha la possibilità di rispondere e di raccontare tutto.

Se ne andrà via saltellando di gioia, perché « ha fatto la sua commissione ».

La stupefacente Bernadette ha vissuto con semplicità, e senza rendersene conto, un episodio che fa pensare al mattino di Pasqua quando, mentre tutto sembrava finito, tutto cominciava.

Una donna, e che donna questa Maddalena dalla quale Gesù « aveva scacciato sette demoni », guida le compagne all'alba del terzo giorno.

Mentre gli Apostoli sono nascosti nel Cenacolo « per paura dei Giudei », esse vanno al sepolcro con dei profumi per il corpo di Gesù, che era stato sepolto in fretta mentre « già splendevano le luci del Sabato ».

Ed ecco che lei, la peccatrice, si sente chiamare col suo bel nome : « Maria », e poi riceve questa missione : « Andate a dire ai suoi discepoli e a Pietro che egli vi precede in Galilea ».

Le donne vanno ad interpellare gli uomini smarriti. Il Signore attende la sua piccola Chiesa esitante nelle « Galilee » del mondo dove gli uomini « giacciono nell'ombra della morte ».

La grande avventura ha inizio.

---

1 : Le due zie di Bernadette erano state escluse dal gruppo delle « Figlie di Maria » a causa d'uno sbaglio d'ordine pubblico, una maternità prima del matrimonio.

Chi era don Peyramale

Il celebre « Parroco delle Apparizioni » era, umanamente parlando, totalmente all'opposto di Bernadette.

Nato in una casa lussuosa, che ancora oggi è possibile vedere nella piazza centrale del villaggio di Momères, Marie-Dominique Peyramale era d'una famiglia di notabili, medici o notai.

Dei fratelli, uno era medico, un altro funzionario, mentre un terzo, di pensiero monarchico secondo la stessa tradizione della famiglia, era stato costretto all'esilio dopo la Rivoluzione del 1830.

Quest'ultimo divenne Ministro delle Finanze in Perù e la figlia, Delphine Peyramale, era entrata nella famiglia del celebre Presidente della Repubblica del Messico, Garcia Moreno.

Don Peyramale, dopo aver prestato dei notevoli servizi, prima come vicario e parroco, e poi come cappellano della guarnigione militare dell'Ospedale di Tarbes, dal 1855 era Parroco a Lourdes.

La sua educazione, le sue relazioni, il carattere energico e la grande carità, gli avevano ben presto conferito una grande autorità.

Quando tre anni più tardi, la povera Berna-dette, uscita dalla miseria del Cachot, viene a vederlo con la « Commissione della Signora », il contrasto è evidente.

Dio ha certi modi di fare!...

Il Parroco, don Peyramale

La casa della famiglia Peyramale a Momères

« Che dica il suo nome »

8

A Lourdes, per il momento, si è lontani dall'intuire questa somiglianza col mattino di Pasqua.

Le perplessità del Parroco, che ha ascoltato Bernadette insieme ai suoi vicari, sono aumentate. Per giunta, i presenti non sono nemmeno d'accordo fra di loro.

Alcuni, come don Pène, sono entusiasti e trovano che il Parroco sia troppo esitante. Altri sono più prudenti. E' il caso del riservato don Pomian, confessore di Bernadette.

Lo stesso don Peyramale è andato a Tarbes per incontrare Mons. Laurence, il vescovo, e ha riferito della loro conversazione :

« C'é chi dice che si dovrebbe andare alla Grotta ».

« Allora, ci vada ».

Monsignor Laurence

« Ma altri aggiungono che, se ci andiamo, non facciamo che fomentare questo affare ».

« Allora, non ci vada », conclude il Vescovo.

Ecco perché, il giorno dopo, il Parroco accoglie ancora con freddezza Bernadette che, dopo la 14ª Apparizione, è ritornata a ripetere la sua commissione.

« Se questa Signora vuole la cappella, che dica il suo nome e faccia fiorire il roseto della Grotta », taglia corto don Peyramale, infastidito adesso dall'agitazione che regna in città quel Mercoledì sera, 3 marzo. Migliaia di curiosi sono accorsi perché ci si aspetta qualche prodigio per l'indomani, ultimo giorno della Quindicina.

Il Prefetto, il Procuratore Imperiale, il Commissario, i funzionari, gli ufficiali e i soldati, i gendarmi di Lourdes, di St-Pé e d'Argelès, sono in stato d'allarme. Vengono prese misure di sicurezza eccezionali, approvate dallo stesso Parroco, che ne è stato informato. La Grotta è stata accuratamente ispezionata e c'é una guardia tutta la notte.

Bernadette resta tranquilla al Cachot. Sul far del giorno sono venuti tre medici di Bordeaux per esaminarla : provare che è pazza e farla internare potrebbe essere una buona soluzione. Fatica inutile, perché non sono riusciti a trovare niente d'anormale. Piuttosto, avendo visto il tugurio infetto dove vive la famiglia, si son sentiti in dovere di dire alla mamma : « Se tiene alla salute dei suoi ragazzi, è meglio non restare a lungo qui ». Alcuni giorni dopo, il 27 marzo, tre medici di Lourdes, su ordine del Prefetto e del Sindaco, esamineranno di nuovo Bernadette. Con un certo imbarazzo, il loro rapporto giungerà alla medesima conclusione. La salute mentale di Bernadette non si discute (rapporto del 3 maggio 1858).

Il mattino del **4 marzo**, dopo una messa per una parente defunta, Bernadette va all'ultimo appuntamento della Quindicina promessa. Tranquilla e raccolta, passa in mezzo ad una folla immensa (i rapporti della Polizia parleranno di 10 000 persone). Poi, una lunga estasi di più di un'ora, in un clima di fervore e di pace, che rende totalmente inutile lo spiegamento delle forze dell'ordine.

Quanti amano le emozioni forti sono delusi. Bernadette, così come è venuta, rientra al Cachot, dove la folla, che vuole vedere e toccare la « santa », la segue. Qualcuno parla di miracoli e di guarigioni e la giornata sarà dura per lei, che rifiuta tutto questo entusiasmo e il ruolo di primattrice. Rifiuta anche il denaro, perché « scotta ». Desidera, invece, rivedere il Parroco, dal quale si reca di corsa.

« Cosa t'ha detto la Signora ? » , domanda Peyramale.

« Le ho chiesto il nome... Ha sorriso. Le ho chiesto di far fiorire il roseto ed ha sorriso di nuovo, ma vuole sempre la cappella ».

« Tu ce li hai i soldi per fare questa cappella » ?

« No, signor Parroco » !

« Neanch'io... Di' alla Signora che te li dia lei » !

Don Peyramale e Bernadette - Vetrata della Chiesa

La storia di Lourdes sembra aver fine con questa giornata di speranze deluse. A sera, la folla se ne va. Non ci sono stati incidenti e le autorità tirano il fiato, mentre il Parroco è sempre più perplesso.

Il 18 marzo, Bernadette, interrogata circa alcuni miracoli che le vengono attribuiti e sulle sue intenzioni, così dichiara : « Non credo d'aver guarito nessuno e non ho fatto nulla in tal senso. Non so se tornerò ancora alla Grotta ».

Passano tre settimane. Una specie di fervore febbrile attira della gente alla Grotta, ma Bernadette è tornata alla normalità : il percorso tranquillo che va dal Cachot alla scuola e lo sforzo per « far entrare nella sua povera testa » le lettere dell'alfabeto e le astratte formule del catechismo.

Una volta di più notiamo la forza tranquilla e la serena semplicità di Bernadette. Attorno a lei ci si agita e si fa a gara nel parlare della « Santa Vergine ». I giornali si passano parola su tutti i toni, andando dall'esaltazione all'ironia. Bernadette tace, o taglia corto, dicendo soltanto quel che sa.

Per lei, la Signora della roccia di Massabielle è sempre « la piccola donna », oppure « Aquerò », che significa esattamente « quella cosa ». Mistica certezza di una presenza che va al di là di tutte le parole e di tutti i nomi.

Giovedì 25 marzo : il Nome...

Mercoledì sera, Bernadette è andata a letto stanca e raffreddata. Si è risvegliata alle 4 del mattino con nel cuore quel desiderio insistente e infinitamente dolce a lei ben noto : bisogna andare alla Grotta.

E' un giorno di festa per la Chiesa : l'Annunciazione, giorno in cui l'angelo Gabriele ha rivelato ad una ragazza di Nazaret, nell'umile Grotta che serviva da casa alla sua povera famiglia, che sarebbe stata la madre del Salvatore. A Maria, l'Angelo diede un nome nuovo : « Piena di grazia ».

Da parte sua, Bernadette è decisa a sapere il nome reclamato dal Parroco. Così, nella gioia di questo nuovo incontro, per quattro volte, con la testardaggine tipica della sua regione, ripete, imbrogliandosi, la bella frase che ha preparata : « Signorina, vuole avere la bontà di dirmi chi è, per piacere » ?

Alla quarta richiesta, la Signora non sorride più, passa il rosario sul braccio destro e, unendo le mani, gli occhi levati al cielo, dice :

« IO SONO L'IMMACOLATA CONCEZIONE ».

La gioia di Bernadette è immensa : il suo cuore trabocca di gratitudine e desidera lasciare qualcosa in questo luogo meraviglioso. Sistema il cero che portava in mezzo a delle pietre, perché continui la sua ardente preghiera.

Si dirige quindi verso la casa del Parroco, ripetendo lungo la strada, dato che ha paura di dimenticarle, queste parole incomprensibili e preziose : « Io sono l'Immacolata Concezione ». E per poco una compagna non riesce a strapparle il segreto.

Giunta dal Parroco, gli comunica senza prender fiato il nome. Il rude Peyramale reagisce : « Una signora non può portare questo nome. Sai cosa significa » ?

Bernadette non lo sa. Se lo è ripetuto strada facendo... Allora, quell'uomo si sente invaso da un sentimento straordinario e, forse, è sul punto di piangere. - « Torna a casa, dice alla fanciulla, ti vedrò un altro giorno ». Bernadette va via senza capire ed è soltanto nel pomeriggio, a casa di Estrade, che le sarà spiegato che colei che porta questo nome è la Madonna : una gioia immensa per la piccola. « Non ha potuto inventarlo », scrive la stessa sera Peyramale al Vescovo.

Il Messaggio di Lourdes è firmato.

La 16ª Apparizione - Vetrata della Basilica Superiore

Il Messaggio di Lourdes

Si è delineato nel corso del racconto. Le situazioni, le persone e gli avvenimenti sono il contesto vivo che dà risonanza evangelica alle stesse otto parole della Signora riferite da Bernadette.

E' al Vangelo che siamo ricondotti, seguendo i passi di Bernadette.

Scopriamo prima di tutto la Povertà.

La povertà è un segno della presenza di Dio, il cui modo d'agire non è vistoso, ma dà pienezza al cuore. Prima delle Apparizioni, Bernadette era rassegnata e diceva : « Non bisogna lamentarsi ». Poi dirà : « Voglio restare povera ». Sarà sempre la risposta che darà a quanti volevano migliorare le sue condizioni di vita, come il giornalista che voleva condurla a Parigi per raccontare le Apparizioni, assicurandole che avrebbe fatto fortuna.

Nonostante l'ignoranza del catechismo, la luce della Grotta ha illuminato Bernadette sulla sua povertà e su quella dei suoi, che li rende simili al vero Dio, che in Gesù s'è fatto povero fra i poveri. E' il primo messaggio di Lourdes.

Scopriamo in seguito la vera Preghiera.

L'amicizia con la « giovane donna », come spesso dirà, le ha rivelato un Dio che ci ama teneramente e che è alla ricerca costante dell'incontro e del dialogo personale con gli uomini.

Le vera preghiera è dunque la nostra risposta a Dio, attraverso la quale anche noi cerchiamo l'incontro ed il dialogo con Lui.

« Vergine di luce, sei il sorriso di un Dio che ci ama », dice un cantico vespertino di Lourdes, dove le diverse preghiere che si susseguono diventano la Preghiera. E' il secondo messaggio di Lourdes.

Il vero significato della Penitenza.

Il mondo in cui viviamo è duro, violento, orrido. Il fango ripugnante della « tute aux cochons » ce lo ricorda. Tuttavia, il Figlio di Dio è venuto incontro a questa realtà e Bernadette, col suo volto sfigurato, ci ricorda la passione d'amore che ha condotto il Cristo alla Passione « per i peccatori ». E' un appello alla lucidità, alle scelte coraggiose, alla conversione sincera, che va al di là delle « penitenze » occasionali. La vera Penitenza, facendoci evitare il farisaismo dei puri, ci rende compassionevoli e ci fa pregare per i peccatori, fratelli nostri. E' il terzo messaggio di Lourdes.

Ed infine : la vera Chiesa, una Chiesa fatta di uomini.

Oggi, la Chiesa di Cristo, come fin dagli inizi, è perseguitata o abbandonata perché composta di poveri uomini limitati, deboli e peccatori come Pietro e Paolo che tuttavia, mettendo in gioco la loro vita, hanno lasciato tutto per seguire Cristo. Lourdes ci ricorda che la storia continua.

Bernadette, senza esitazioni, va a trovare il Parroco, che non era né il migliore né il peggiore degli uomini, e non va dal « Santo di Bétharram », Michel Garicoïts, che soltanto a pochi chilometri di distanza, sulle rive dello stesso Gave, faceva accorrere le folle attratte dalla sua fama. Morto nel 1863, la Chiesa lo proclamerà Santo.

Benché convinto assai presto della realtà delle Apparizioni, il Santo sarà d'una discrezione assoluta, affidandosi alla legittima autorità del Parroco di Lourdes e del Vescovo di

Tarbes. Sull'orientamento della Chiesa in questo strano affare di Lourdes, è ad essi che spetta la decisione e non sarà facile. Ci vorranno quasi quattro anni di indagini, di ricerche, di riflessione e di preghiera da parte della gerarchia responsabile. C'é in questo atteggiamento un insegnamento per chi si precipita ogni volta che sono segnalate nuove « Apparizioni ».

Bernadette, donna e laica, ha interpellato l'autorità con umile sicurezza, ricordando così che nella Chiesa di Cristo ognuno ha un servizio da svolgere semplicemente, coraggiosamente e fraternamente. Gesù stesso ha voluto una Chiesa fatta di uomini, dove nessuno, laico o sacerdote, ha il diritto di essere semplice spettatore o consumatore egoista. E' il quarto messaggio di Lourdes.

Una Chiesa universale in cammino.

E' la Chiesa che ha dato inizio alla « Processione » verso la « Cappella ». Processione nel dialetto di Lourdes, significa pellegrinaggio al di fuori della Parrocchia, verso altre parrocchie, per incontrare il popolo di Dio in cammino nella storia del mondo. Per questo Maria ha voluto una cappella, luogo di preghiera e d'incontro, distinto dalla chiesa parrocchiale.

Il pellegrinaggio ci ricorda che « non abbiamo qui una dimora permanente » e che a partire d'Abramo, « il padre dei credenti », siamo tutti « pellegrini » in cammino verso la terra promessa. Terra promessa della gioia, del perdono, della riconciliazione e della festa, come quella che vivono le folle di Lourdes ai piedi della Cappella costruita sulla roccia di Massabielle.

Qui si ritrovano uomini e donne d'ogni razza e cultura, anziani e giovani, sani e ammalati, nella pace e nella gioia fraterna.

E perciò è possibile ascoltare le preghiere in tutte le lingue, suonare ogni genere di musica : dall'organo alla chitarra, dal tam tam africano al violino zigano. E non è una Babe-

le. Vien da pensare, piuttosto, alla Pentecoste nel racconto degli Atti degli Apostoli : « erano assidui e concordi nella preghiera con Maria, la madre di Gesù » e, « pieni di Spirito santo, cominciarono a parlare in altre lingue ».

Una Chiesa che ha Maria per Madre.

A Lourdes, Maria è venuta a ricordarci il Vangelo. Ed è stata lei a farlo forse perché è la Donna « benedetta fra tutte le donne », l' « Immacolata Concezione », nella quale ha avuto inizio una nuova umanità.

Il Vangelo è un nuovo inizio, l'inizio della Chiesa, e non c'è da sorprendersi se la Madre è presente. Il suo nome rivelato a Lourdes, « IO SONO L'IMMACOLATA CONCEZIONE », riassume tutto il messaggio.

A Lourdes, ancora una volta, Dio ci ricorda di non aver rinunciato al suo meraviglioso disegno sugli uomini, suoi figli prediletti.

S. Paolo scriveva ai primi cristiani : « Benedetto sia Dio, Padre del Signore nostro Gesù Cristo... In lui ci ha scelti... per essere santi e IMMACOLATI al suo cospetto » (Ef. 1).

E Bernadette ?

Bernadette vive con semplicità la festa di Pasqua, il 4 aprile. L'aver conosciuto quel Nome meraviglioso le riempie di gioia il cuore. Per lei questo nome ha un volto ; per i « sapienti e gli intelligenti » è motivo di perplessità. Passano tre giorni e risuona nel suo intimo l'invito a recarsi a Massabielle. Ci va di corsa e con un grosso cero. **E' il 7 aprile, Mercoledì di Pasqua**. Alla Grotta, ormai è un'abitudine, c'è molta gente raccolta in preghiera.

L'estasi inattesa di Bernadette non fa che aumentare il raccoglimento, quand'ecco arrivare il Dott. Douzous, un uomo tutto d'un pezzo, prima scettico e poi curioso. E' venuto, come lui stesso dice, « in nome della scienza » ad osservare il fenomeno. Proprio quel giorno, i suoi occhi attenti hanno la possibilità di vedere il cosiddetto « miracolo del cero ». Il grosso cero di Bernadette è scivolato fra le sue mani e la ragazza si ritrova con la fiamma che le lambisce le dita. La cosa dura dieci minuti, sotto l'osservazione del medico sconvolto. Nessuna traccia di scottatura. Mentre la stessa prova, dopo l'estasi, rivela che Bernadette è molto sensibile alla fiamma.

Il Cero, simbolo pasquale

In un giorno in cui nelle chiese brucia il Cero Pasquale, simbolo della Rissurezione di Cristo e annuncio della risurrezione dei corpi, alla sedicesima Apparizione, Bernadette ci ha dato il suo piccolo segno pasquale. Forse, è d'un certo interesse notare che morirà 21 anni dopo, un Mercoledì di Pasqua, nella luce di Pasqua. Si sa che il suo corpo è rimasto intatto, come possiamo vederlo a Nevers. Un ultimo segno evangelico che dice Risurrezione e Vita.

Ceri di notte

Douzous sale al commissariato di Polizia, dove Jacomet annota la sua testimonianza (pagina del taccuino di Jacomet qui sotto) : « Adesso ci credo », comincia a proclamare dappertutto e con foga il dottore.

Ma tutto questo Bernadette lo vive nel segreto e, come Maria, la sua amica, « lo conserva nel suo cuore ». Mentre a Massabielle ci si agita, o addirittura ci si eccita con una proliferazione di falsi visionari, lei rientra nel silenzio. E poi ci sono delle cose da fare : la povertà è sempre alle soglie del Cachot. Nel tempo libero da scuola e catechismo, fa la « piccola bambinaia » presso i Grenier. Di tanto in tanto deve raccontare la storia delle Apparizioni. Allora, lo fa con semplicità e brevemente.

Nel mese di maggio viene condotta per tre settimane a Cauterets. E' molto stanca e l'asma è davvero tenace. Poi, arriva finalmente il giorno tanto desiderato della Prima Comunione, il 3 giugno, festa del Corpus Domini. Nella cappella dell'Ospedale, che è ancora oggi come allora, Bernadette incontra Gesù nell'Eucaristia. Il suo sapere religioso non è aumentato. L'esame d'ammissione la trova molto a disagio con le formule astratte del catechismo. D'altra parte, se si può affermare che non capisce niente, è chiaro che

intuisce tutto. Le Apparizioni sono state la miglior scuola di catechismo.

La sera stessa, don Peyramale scrive al Vescovo : « In lei tutto evolve in maniera stupefacente ».

Quando un'amica le chiede : « Di cosa sei più felice, della Comunione o delle Apparizioni ? », con la sua risposta Bernadette ha modo di sorprenderci ancora : « Sono due cose che vanno insieme, ma che non possono essere paragonate. Sono stata felice ambedue le volte ».

« Ti benedico, Padre, - dice Gesù - perché hai rivelato queste cose ai poveri e ai piccoli ».

Pagina del taccuino del Commissario Jacomet

La cappella dove Bernadette fece la Prima Comunione

A Lourdes ci si agita

12

Il clero è prudente, i fatti sono allo studio e si attende la decisione del Vescovo. Mons. Laurence è un uomo freddo, che sembra non aver fretta. Anzi, interviene in modo secco con una lettera, datata 9 luglio, per far cessare il febbrile moltiplicarsi di falsi veggenti. Con forza, don Peyramale si fa portavoce del giudizio del Vescovo. Ma su Bernadette nemmeno una parola.

Le autorità civili si agitano. Il Prefetto, il Procuratore Imperiale ed il Commissario vogliono metter fine al movimento di Massabielle. Si constata, nello stesso tempo, che non sono né Bernadette né il clero ad esserne responsabili. Viene fatta analizzare l'acqua della sorgente per timore che possa essere inquinata. Vengono erette delle palizzate davanti alla Grotta e si fanno dei processi verbali a quanti hanno l'audacia di scavalcarle. Gli operai di Lourdes, precettati, di giorno costruiscono le palizzate e di notte le distruggono. Per ben tre volte.

16 luglio, ultima Apparizione. Bernadette, ignara di tutta questa agitazione, è spinta ad andare alla Grotta, dove non era stata più, dalla medesima dolce e potente voce interiore, che ormai conosce bene. Si ritrova sul prato, attualmente dominato dal Carmelo e sul quale adesso è stato costruito un nuovo Centro di culto, dall'altra parte del Gave. E' il giorno della festa di Nostra Signora del Carmelo, è l'ultimo appuntamento in questo mondo. « Non vedevo le palizzate - dirà - e lei era bella come non mai ». E' un arrivederci discreto, fra due amiche. I fedeli presenti non si accorgono di nulla.

Poi, per Bernadette la vita continua, semplice e fervente, nella povertà del Cachot. Occorrerà aspettare la metà di settembre per poter abbandonare questo misero bugigattolo.

Ed è soltanto agli inizi dell'anno successivo che François potrà riprendere un mulino e ritrovare la sua dignità di mugnaio.

Attraverso questo cammino « di miseria e di luce », Lourdes ha preso il suo avvio. Il 28 luglio, Mons. Laurence annuncia la creazione d'una commissione d'inchiesta, che svolgerà il suo lavoro per più di tre anni. Bernadette è interrogata ufficialmente il 17 novembre. Vengono esaminate tutte le testimonianze, mentre i medici, sotto la guida d'una personalità famosa, il professor Vergez della facoltà di Montpellier, contano trentacinque casi di guarigione senza spiegazione. Ciò sarà, assieme all'assoluta credibilità di Bernadette, uno degli elementi importanti che faranno decidere al Vescovo di dichiarare che « la Vergine è realmente apparsa a Bernadette ».[1]

Nel frattempo, davanti all'atteggiamento calmo e risoluto dei fedeli, tutt'al più innervositi dalle misure di sicurezza, l'Imperatore Napoleone III, debitamente avvertito e preoccupato di poter non piacere a delle popolazioni pacifiche, ha dato ordine di togliere le palizzate da Massabielle (4 dicembre) e di lasciar tranquilla la gente.

E così per tre anni, senza nessuna organizzazione ecclesiastica, la Grotta delle Apparizioni diventa il luogo di raccoglimento e di preghiera, che oggi conosciamo bene.

In effetti si faranno ben presto dei passi per fare di questo luogo sconosciuto e selvaggio uno spazio sacro. Il 21 gennaio 1861, il Consiglio Municipale di Lourdes, abbandonando i sogni sulle possibili « acque termali » di Massabielle, cede il terreno della Grotta al Vescovo di Tarbes.

Le schermaglie del passato sono ormai lontane.

---

1 : Lettera Pastorale del 18 gennaio 1862.

BERNADETTE
✤
LOVRDES
✤1858✤

« Adesso sono come tutte le altre »

Questa riflessione, piena d'equilibrio psicologico, descrive bene la Bernadette del dopo Apparizioni : passati i momenti di luce e di gioia di Massabielle, capisce che deve continuare la sua strada vivendo nella fede e nella fedeltà, « come tutti ».

E ci riesce proprio bene, evitando sia il ruolo della diva, sia il ripiegamento su se stessa, con la sua straordinaria esperienza interiore, in mezzo alle difficoltà procuratele dalla sua fragile salute, dalle preoccupazioni familiari e dalle importunità di curiosi e giornalisti.

Adesso almeno, la famiglia non vive più nell'infetto Cachot. Bernadette, quasi un ritorno all'infanzia, è felice e fiera di vedere l'amato papà ritrovare al Mulino Gras la propria dignità.

Ecco la descrizione che ne fa la madre al giornalista Azun de Bernatec :

« Va a scuola dalle Suore di Nevers, che ne sono abbastanza contente. La salute, dopo l'11 febbraio, è ancora meno buona. A volte, lo stomaco si gonfia a tal punto che non riesce più ad allacciare la gonna ; tossisce frequentemente e dolorosamente per tutto il tempo che dura questo gonfiore, che in genere la tormenta per tre settimane o un mese, che la lascia per poi riprendere a tormentarla ancora. Nei periodi in cui sta meglio o soffre di meno, sbriga le faccende di casa. Essendo la maggiore, si occupa dei fratelli e delle sorelle e mi aiuta nelle pulizie. In Quaresima, avrebbe voluto digiunare, ma glielo abbiamo proibito ».

La vita semplice con i suoi durerà ancora per due anni.

Il 10 settembre 1859 nasce un fratellino. E' il settimo figlio di Louise, che già ne ha perduti due in tenera età. Bernadette sarà la madrina del piccolo Pierre e resterà sempre cosciente di questa responsabilità.

Ad un certo punto, si pensa d'affidarla alle suore, dove potrebbe proseguire i suoi studi veramente in ritardo e soprattutto essere protetta dagli assalti incessanti dei visitatori, che rendono impossibile l'organizzazione della giornata e disturbano la vita familiare.

E' il Parroco stesso a darsene preoccupazione, ma al primo tentativo riceve questa risposta : « La capisco, signor Parroco, ma amo troppo papà e mamma ».

La buona vicina Marie Tardhivail l'ha aiutata con molto affetto nei suoi sforzi per imparare a leggere e a scrivere bene in francese.

Bernadette non sarà mai molto brillante, ma s'impegna lo stesso con molta volontà e potrà raccontare sempre con maggior chiarezza la sua esperienza alla Grotta.

Ad interrogarla sono venuti anche alcuni Vescovi importanti, come quelli di Soisson e Montpellier, e il celebre giornalista de « L'Univers », Veuillot. Tutti rimangono colpiti dalla grande semplicità, dalla coerenza e dalla sua forza. I Vescovi di passaggio fanno fretta a Mons. Laurence : « Non può restare con le mani in mano . Occorre davvero studiare quest'affare ».

Veuillot pubblica sul suo giornale un racconto che fa scalpore e Bernadette, alla quale vien chiesto un parere sull'articolo, risponde : « E' già tanto se so leggere ».

Il 5 febbraio 1860, riceve la Cresima da Mons. Laurence. E' il primo incontro fra i due e sono passati due anni dalle Apparizioni !

Comunque, la Commissione Canonica è all'opera. I membri hanno avuto un'impressione favorevole dopo l'interrogatorio di Bernadette alla Grotta, il 17 novembre. Preferiscono, però, temporeggiare ancora per continuare a riflettere, osservare, studiare.

Bernadette all'Ospizio

All'età di 16 anni, Bernadette si rende conto che la situazione non è più tollerabile e, di concerto con i genitori, accetta la proposta elaborata dal Parroco e dal Sindaco Lacadé : sarà accolta a titolo di malata indigente all'Ospizio, dove nello stesso tempo aiuterà le suore e continuerà la propria istruzione.

Tuttavia, bisogna garantirle la libertà « di venire a vedere i suoi genitori », clausola questa che sarà sempre capace di difendere. Per tutta la vita, Bernadette eserciterà il ruolo di sorella maggiore con tenero affetto e carattere deciso : nessun privilegio è riuscito a staccarla dalle sue radici.

Quando il 15 luglio 1860 va all'Ospizio, esige subito d'esser nella « seconda » classe, quella delle pensionarie di modesta condizione, rivelando ancora la sua sollecitudine evangelica per la povertà e per i poveri.

« Durante la ricreazione è un'allegrona. Sempre gaia, anima il girotondo delle giovanissime, anche se le manca subito il fiato », testimonieranno le suore. Difatti, ben presto le più giovani sono affidate a lei : con la sua piccola statura riesce a meraviglia con le bambine.

Per nulla prigioniera del ruolo di « piccolo modello di Santa », Bernadette vive sino in fondo la sua giovinezza, con relativi pregi e difetti.

Ad esempio, si raccontava con aria scandalizzata del giorno in cui aveva gettato lo zoccolo nel « giardino proibito », inviando poi la compagna Julie Garros a recuperarlo... pieno di fragole.

Un altro giorno, Suor Victorine la sorprende mentre « allarga la gonna » per tentare di farla somigliare alle « crinoline » delle ragazze borghesi, che il clero qualificava come « diaboliche ».

Un' altra volta ancora tenterà di farsi un « busto » con un pezzo di legno.

Divertenti moti dell'adolescenza ! Ci sarebbe da inquietarsi se non ci fossero. Del resto, questo comportamento vivo, faceto, caparbio, spinge a fare un'altra riflessione.

L'Ospizio

Bernadette e la Superiora dell'Ospizio

« Bernadette, una vocazione semplice »

E' il titolo di un bel libro di Don Bernard Billet, che mostra il lungo e libero discernimento della vocazione di Bernadette.

Già prima della fine delle Apparizioni, aveva dichiarato al Sindaco, che le chiedeva se non volesse imparare un mestiere : « No, voglio essere religiosa » (8 marzo 1858). Il suo cuore ha optato per un amore più grande, ma ci vorranno sei anni di riflessione e di ricerca perché, all'età di vent'anni, la sua decisione si faccia precisa.

Naturalmente non mancano le sollecitazioni attorno. Potrebbe farsi contemplativa dalle « Bernardine », fondate a quell'epoca da P. Cestac, il « salvatore delle prostitute » la cui santità è conosciuta in tutta la regione.

Oppure essere una carmelitana, come AugustineTardhivail, la sua affettuosa istitutrice, che a causa della cattiva salute non è potuta restare al Carmelo di Bagnères e non riesce a rassegnarsi.

Le Suore della Croce di Bétharram e di St-Pé la vorrebbero con loro e un giorno le fanno provare la strana cuffia da loro adottata. « Non voglio una simile galleria », dirà con vigore.

Le Suore di S. Vincenzo de' Paoli, anche loro, hanno voluto farle provare il loro immenso cappello : « Questo ti darà la vocazione, Bernadette » !

« Oh no ! Piuttosto me la fa passare » !

Le sole che non le parlano mai di vocazione - del resto è un punto della loro regola - sono le Suore di Nevers, con le quali vive e lavora tutti i giorni al servizio non solo della Scuola, ma anche dell'Ospizio.

Qui le capita d'accogliere « l'ubriacona » di Lourdes, una povera donna anziana che, dopo aver bevuto, cade a terra e si ferisce. Dopo averla curata, Bernadette le dice ridendo : « D'ora in poi, è meglio che non alzi più tanto il gomito ».

All'amica Jeanne Védère farà questa confidenza : « Amo molto i poveri e amo curare gli ammalati. Resterò dalle Suore di Nevers. Mi hanno dato un malato da curare. Quando sto bene, sono la sola ad occuparmene. Resterò da loro ».

Sì, restare là e servire ! Ma a diventare una di loro Bernadette non ci pensa nemmeno. « Le Dame di Nevers » sono una distinta congregazione d'educatrici e lei non è istruita, non ha qualità particolari, non ha salute e nemmeno i soldi per l'indispensabile dote.

Il 27 settembre 1863, Mons. Forcade, Vescovo di Nevers, di passaggio a Lourdes, le propone di entrare nel Convento di Nevers senza dote. Bernadette gli risponde con la sua usuale semplicità : « Ma le signorine che prendete senza dote sono delle persone dotate e sapienti che vi indennizzano subito... Io non so niente e non sono buona a nulla ».

La proposta del Vescovo ha lasciato, comunque, una traccia nello spirito di Bernadette ed è sicuramente molto più interessante di quanto finora le è ronzato attorno. I fotografi hanno ottenuto dalle religiose, o dal Vescovo di Tarbes, il permesso di riprenderla e vorrebbero farle mimare delle pose estatiche « come se ci fosse la Signora », dicono. « Ma non c'è », risponde seccamente Bernadette, che non ama posare e che pensa ad altro.

« Mi si mette in mostra come un bue alla fiera », dice della curiosità indiscreta che l'opprime, sorridendo dei suoi ritratti che si vendono per qualche soldo : « E' tutto quel che valgo ».

Bernadette, un carattere deciso

E' evidente che Bernadette non si cala nel ruolo d'un personaggio, soprattutto in quello d'una santa mistica dagli atteggiamenti artificiali e manierati. Si comporta, invece, con naturalezza e P. Ravier, che ha studiato a fondo la sua psicologia, la descrive così :

« Questa figlia della Bigorre, testarda, energica, coraggiosa, combattiva, che sa quel che vuole e lo vuole sino in fondo, senza che la facciano vacillare gli argomenti più scaltri, flettere le minacce più roboanti, decisamente non ha niente in comune con le " piccole Sante modello " : è la vera Bernadette .

La sua forte sensibilità riceve equilibrio da una rara forza di carattere. Per fortuna ! In effetti, s'intravede già quella che domani sarà chiamata al Convento (e Bernadette lo farà per prima) la sua suscettibilità, la prontezza di reazione di fronte a persone, cose e avvenimenti ». [1]

Bernadette stessa sa che ci sono degli angoli da smussare : « Si dice che sono caparbia e ne provo vergogna ». Ci proverà per tutta la vita, ma per il momento non cede nemmeno d'un palmo. Ne è un esempio l'affare della statua della Grotta.

Le ricche signorine Latour di Lione hanno ordinato allo scultore più celebre dell'epoca, Fabish, una statua in marmo di Carrara, che rappresenti l'Apparizione. L'artista in persona consulta Bernadette per avere una descrizione e ne rimane impressionato. Poi, riconquistato dalle sue idee di grandezza e dalla sua visione accademica, porta a termine un'opera che ha poco a che vedere con la « piccola donna » gentile e piena di vita, che è

rimasta impressa nel ricordo della veggente. Fabish, la sera della presentazione della statua a Bernadette, non ricorderà le approvazioni e gli elogi dei grandi, ma leggerà nello sguardo di Bernadette il proprio scacco. D'altro canto, senza peli sulla lingua, è stata lei stessa a dichiarare : « Non è questa ». Un giudizio, confesserà il grande Fabish, che sarà « il più grande dispiacere della mia vita d'artista ».

Statua dell'Apparizione

---

1 : Scritti di Santa Bernadette, p 213.

La decisione - 4 aprile 1864

La statua, comunque, è collocata e solenne-
mente benedetta nella nicchia naturale della
Roccia di Massabielle. Bernadette quel giorno è assente. La « tute aux cochons » è divenuta un luogo sacro, dove si dirige
un'immensa processione con tutta la pompo-
sità delle confraternite, degli stendardi, delle
migliaia di pellegrini e delle autorità, che
adesso non sono più ostili e che stanno attorno al Vescovo, seguito dal suo clero.

Bernadette lontana dalla folla e dagli entu-
siasmi indiscreti, è rimasta all'Ospizio e quello stesso giorno esprime la sua decisione alla
Superiora, Suor Alexandrine :

« Adesso so, cara Madre, dove devo farmi
religiosa.

« Dove dunque, figliola ?

« Da voi, cara Madre.

« Bene. Ne parleremo a Sua Eccellenza. »

Passeranno ancora due anni prima che la
decisione prenda corpo. Bernadette, spesso
ammalata, ha una grave ricaduta a fine anno e
nel febbraio 1856 sarà ancora a letto. Poi, il
piccolo Justin, il fratellino del tempo delle
Apparizioni, muore all'età di 10 anni. La
malnutrizione degli anni vissuti nella miseria
si paga cara : è il terzo piccolo a morire. Bernadette, in questo nuovo dispiacere, resta accanto
alla Madre.

Annuncia la sua partenza l'anno successivo, il 28 aprile 1866 : ha 22 anni.

Mons. Laurence la trattiene ancora per
qualche settimana : desidera farla assistere
all'inaugurazione della Cripta (9 maggio)
solidamente costruita sulla Roccia di Massabielle. François Soubirous ha lavorato come
sterratore in questo straordinario cantiere.
Sulla Cripta verrà poi costruita la Basilica
Superiore, la « Cappella » richiesta dalla
Signora. Adesso Bernadette può partire : il
suo messaggio è scolpito nella pietra e nel
paesaggio di Lourdes.

Il cantiere di costruzione della Cripta e la 1ª processione ufficiale (4-4-1864) per l'inaugurazione della statua

L'addio a Lourdes

18

La sera del 3 luglio 1866, tutta la famiglia riunita consuma insieme un ultimo pasto al Mulino Lacadé, l'attuale casa paterna.

Il mattino del giorno dopo, il papà, la mamma già ammalata, la zia Bernarde e la zia Basile salgono all'Ospizio per un ultimo saluto. Bernadette, con un sacco di tela variopinta ed un grosso ombrello, fa fronte allo sconforto generale ed ha parole di consolazione per ognuno. « Piangevamo tutti », racconta Bernard, il figlioccio di Bernadette, che adesso ha sei anni. « Io facevo come gli altri, senza capire perché ».

Bernadette è riuscita a dominare anche il dispiacere del giorno precedente, al momento del saluto alla Grotta, che « era il suo cielo ».

La carrozza la porta alla stazione. Poi il treno comincia a muoversi e le montagne s'allontanano. Addio, Lourdes.

Bernadette non rivedrà più il suo bel paese, né la Grotta. Un giorno dirà : « Dopo la mia morte vorranno trasportare il mio corpo a Lourdes, ma non sarà possibile... ». La sua missione adesso continua altrove.

Documenti dell'epoca

Restano alcune foto prese in fretta all'ultimo momento da Viron, fotografo di Lourdes : Bernadette con i suoi.
Ed anche da Billard-Perrin :
Bernadette fra le suore.
Bernadette fra le Figlie di Maria.

Bernadette e le suore

Bernadette religiosa

Dopo due giorni di viaggio, il 7 luglio verso le 10.30 di sera, il gruppo composto da due suore e due aspiranti compagne di Bernadette arriva davanti al portale dell'immenso Convento delle « Suore della Carità e dell'Istruzione cristiana di Nevers ». E' l'ora del gran silenzio.

La scoperta del Convento è per il giorno dopo, quando Bernadette, vestita per l'ultima volta alla maniera dei Pirenei col cappuccio bianco, deve raccontare davanti a circa 300 religiose la storia già tante volte ripetuta. E' l'ultima volta che le vien permesso di farlo.

Poi indossa l'abito delle novizie con la curiosa cuffia a cannoncini e scompare nell'anonimato della grande comunità.

« Sono venuta per nascondermi », aveva detto. E quando avrà la percezione d'essere oggetto d'ammirazione per le Apparizioni che continuano a far parlare il mondo intero e ad attirare le folle a Lourdes, commenterà con grande semplicità :

« Sono la scopa, di cui s'è servita la Santa Vergine. Cosa si fa d'una scopa, quando non serve più ? Si mette dietro la porta. E' il mio posto. Ci sto bene e ci resto ».

Una serenità che mostra che le lacrime e la nostalgia dei primi giorni sono ormai dimenticate.

Il 29 luglio, riceve l'abito col nome di Suor Marie Bernard. Malgrado il suo desiderio d'andare a servire altrove, si preferisce farla restare nella casa madre di Nevers, dove sarà meglio protetta dagli importuni.

Il 15 agosto, s'ammala di nuovo. Quando le crisi d'asma glielo permettono canta nel dialetto dei Pirenei e ride, vedendo che le compagne non ci capiscono niente. La Madonna sì che lo conosceva il dialetto di Lourdes !

Il 25 ottobre, si teme davvero per la vita di Bernadette. Il Vescovo, chiamato in piena notte, riceve i suoi voti e le amministra l'Estrema Unzione. Così veniva chiamato allora il sacramento dell'Unzione degli Infermi.

Ma Bernadette si rimette e ricomincia a scherzare : « Il buon Dio non mi ha voluta... ». Una cosa la rallegra : ha ricevuto il velo e il crocifisso delle professe. E' il segno d'una appartenenza che la riempie di pace e di gioia : « Non mi si potrà più mandar via ».

L' 8 dicembre, arriva una notizia in modo brutale : la mamma è morta il giorno della festa dell'Immacolata Concezione, a 41 anni, logorata da una vita di lavoro, di miseria ed anche dalla morte di cinque figli in tenera età.

Il dispiacere di Bernadette è profondo e Lourdes è lontana. Perciò va a deporre questa pena ai piedi di Nostra Signora delle Acque, l'accogliente statua che sta in fondo al giardino, e qui domanda alla Madonna d'essere ormai la sua Madre.

Portrait Authentique
DE MA
SŒUR BERNADETTE
J.M.Soubirous

La Religiosa Marie-Bernard

La vita va avanti col coraggio che richiede il quotidiano.

Bernadette non si darà mai delle arie, né avrà gli atteggiamenti che ci si potrebbero attendere da una veggente. Basti ricordare che ai primi tempi aveva chiesto se al Noviziato era possibile saltare con la corda. A Lourdes era il suo gioco preferito con le ragazze dell'Ospizio.

La sua semplicità ed il suo carattere allegro e pieno d'impeto sono una meraviglia. Quando una nuova arrivata, Dalias de Lectoure, cerca d'identificare la « veggente di Lourdes », prende un grosso abbaglio.

Ecco quanto scrive alla famiglia :

« Nessuna corrispondeva al concetto che me n'ero fatta. Meno che mai questa piccola ragazza, bella e affascinante, la più graziosa del gruppo (chiedo scusa per questo dettaglio, ma venivo dal mondo).

Ne avevo una buona impressione, ma era così bambina, così vivace, così spontanea,

La madre di Bernadette

aveva una tale semplicità che mai e poi mai avrei potuto credere che fosse lei... ».

Quando proprio non ce la fa a indovinare e chiede che le venga indicata Bernadette, non può fare a meno d'esclamare : « Questa qui ? » - « Eh sì signorina, solo questa qui ! » - risponde Bernadette, porgendole la mano.

Il 30 luglio 1867, un anno dopo il suo ingresso, Bernadette rinnova la sua professione religiosa emessa in punto di morte l'autunno precedente. E' qui che si colloca anche la famosa scena della prima obbedienza. « Come tutte », lei desidererebbe andare in un'altra comunità al servizio della Chiesa. I Superiori, invece, hanno pensato di lasciarla a Nevers.

« Non è buona a nulla », afferma pubblicamente la Madre generale.

« Glielo avevo detto a Lourdes, Monsignore ! », replica Bernadette, rivolgendosi al Vescovo, lo stesso che l'aveva invitata a scegliere questa Congregazione.

Non sapremo mai se Bernadette è stata ferita da questa decisione. Fatto è che il Vescovo le assegna « il compito della preghiera ».

Bernadette non dimenticherà mai questa missione, che è stata la prima e profonda scoperta fatta alla Grotta : la preghiera, relazione intima con « l'altro mondo », già presente in lei, intercessione per questo mondo », dove tanti « poveri peccatori », non sanno che Dio piange sul nostro male come una madre.

Ma questa preghiera non è un ripiego intimista. Anche nell'attività Bernadette darà la misura del suo valore.

Bernadette infermiera

« Potremmo tenerla per carità alla Casa Madre e farla lavorare in un modo o nell'altro in infermeria, non fosse che per le pulizie e le tisane. Dato che è sempre ammalata, può essere una buona soluzione per lei ». Con questo commento finale, le viene assegnata una mansione.

Bernadette l'accetta ancora con grande umiltà, ma, pur senza istruzione e senza titoli, diventerà l'infermiera principale della casa.

Ci restano i suoi taccuini, dove annotava i calcoli per le pozioni secondo le nuove misure da poco in vigore a quell'epoca. Senza far rumore, aveva assunto le proprie responsabilità e il medico della casa nutriva una grande fiducia in questa infermiera improvvisata. Quando scoppierà una campagna denigratoria contro Lourdes, dicendo che la famosa Bernadette è semplicemente un'idiota, che è stata nascosta in un convento d'Orsoline a Nevers, il Dott. Robert Saint Cyr, presidente dell'Associazione Medica della Nièvre, farà pubblicare questa precisazione : « Un'infermiera che svolge perfettamente il suo compito. Piccola, all'apparenza fragile, ha 27 anni. Natura calma e dolce, cura gli amalati con molta diligenza e nulla omette delle prescrizioni. Gode così d'una grande autorità e, da parte mia, d'una fiducia totale » (3 settembre 1872).

L'intelligenza di Bernadette si manifesta anche in altri campi. Svantaggiata dagli studi compiuti in ritardo, non brillerà per l'ortografia, ma scrive lo stesso molte lettere ispirate dalla fedeltà ai propri affetti. Molto abile con le mani, farà dei bei ricami : il Museo di Lourdes conserva un camice di pizzo, fatto interamente da lei.

Grazie alla sua grande capacità di lettura psicologica, gode d'un enorme successo pres-

Il convento di San Gildard

so le compagne in difficoltà. E così, quelle che hanno bisogno di ritrovare pace e coraggio sono inviate regolarmente da lei. Infermiera dei corpi, lo diventa anche dei cuori e, se è capace di consolare, è perché sa cosa significa soffrire.

Quando la Francia è in pieno scompiglio per la sconfitta del 1870, l'invasione prussiana, la Comune di Parigi e la sua sanguinosa lotta fratricida, Bernadette è capace di confortare i suoi, comunicando loro la sua calma. Nel cortile del Convento, dal quale si domina la pianura di Nevers, vengono installati i cannoni, e lei così scrive al padre : « Farei volentieri a meno di vedere i prussiani, ma non li temo. Dio è dappertutto, anche in mezzo ai prussiani ».

Avrà ancora una frase sorprendente, quando apprende che i comunardi hanno messo a fuoco le Tuileries, cosa che sgomenta la Comunità : « Non abbiate timore ; avevano bisogno d'essere imbiancate ; il buon Dio ha passato il pennello ». Quale lucida figlia del popolo, non impressionata dal lusso della Corte Imperiale, è stata capace di vedere la miseria in cui la trascuratezza dei grandi conduce spesso i poveri.

In questo 19° secolo, secolo dei « lumi », ebbro di scoperte scientifiche e tecniche, febbrile nell'espansione economica (ad es. le esposizioni universali), i poveri erano stati ancora dimenticati.

« Arricchitevi », gridava un deputato all'Assemblea nazionale. « Proletari di tutto il mondo, unitevi », scriverà Karl Marx nel 1848. Si preparavano nuove guerre e nuove rivoluzioni...

Il Convento di Nevers Ospedale militare

Dopo la capitolazione di SEDAN (1 settembre 1870), i Prussiani invadono la Francia. La Superiora generale mette la casa di Nevers a disposizione del Ministero della Guerra. Tutte le suore vengono fatte evacuare, ad eccezione d'un piccolo gruppo che resta con Bernadette, che è infermiera responsabile.

I soldati ammalati e feriti riempiono la casa. Il diario, tenuto dalla Superiora, enumera il triste conto degli ammalati e dei decessi. Non è difficile immaginare le sofferenze e le angosce in un'epoca in cui medicina e chirurgia sono ancora così impotenti di fronte alle terribili ferite dei campi di battaglia.

Bernadette e le compagne non dovettero davvero restare con le mani in mano. Il regista Jean Delannoy, nel suo ultimo film **La Passione di Bernadette**, non ha esitato a mostrarci un'immagine inedita : Bernadette che assiste un ferito nel corso d'una spaventosa operazione chirurgica.

La povera asmatica del Cachot ha pienamente assunto il suo destino e la sua missione di donna.

Libro di preghiera di Bernadette

Il rosario di Bernadette

La dura salita

Nel frattempo, arriva un'altra triste notizia : il 4 marzo 1871 è morto François Soubirous, l'amato papà di Bernadette, il papà del Mulino della Serenità il cui ricordo ha il profumo della farina, il papà ingiustamente arrestato negli anni difficili, il papà che veniva a renderle più dolce il duro esilio di Bartrès, l'uomo che voleva difenderla dal Commissario e dal Procuratore.

Bernadette, figlia maggiore e beneamata, non nasconde il proprio dolore : « Piango con te, - scrive alla sorella Maria - abbracciamo e portiamo la Croce ».

Nel 1874, le condizioni di Bernadette peggiorano. D'ora in poi « il compito di ammalata » sarà il suo vero impiego. Resta a letto da aprile a giugno, si rialza durante l'Estate, ha

una ricaduta ad ottobre. La tubercolosi ha avuto partita vinta sui suoi polmoni già logorati dall'asma. E' soggetta a frequenti crisi di soffocamento e la carie alle ginocchia le procura una sofferenza atroce.

Agli inizi del mese di novembre del 1878, viene portata a Sainte-Croix, l'infermeria delle professe. Non la lascerà più. L'11 dicembre è definitivamente costretta a letto nella sua « cappella bianca », come lei stessa chiama il grande letto sormontato da tende.

Qui non rimane inattiva e dipinge o ricama dei cuori, commentando con ironia : « Così non si potrà dire che Suor Marie-Bernard è senza cuore ». Ricama pure delle croci in mezzo alla corona di spine, con l'iscrizione « Dio è amore », motto delle Suore di Nevers, che è scolpito sul frontone del Convento di S. Gildard.

Una sua frase : « Prego S. Bernardo (suo patrono), ma non lo imito molto : lui amava la sofferenza, io la evito quando posso », ci fa

Il padre di Bernadette

Acquasantiera della cappella di S. Gildard

Nevers : Statua di Bernadette

capire che in lei non c'è assolutamente masochismo o culto esasperato della sofferenza.

Il senso di quanto vive ha un'origine più remota. E' sicuramente da molto tempo, da Lourdes, che Bernadette sta fedelmente meditando sulla realtà del Calvario. A Nevers è ancora possibile vedere quello dipinto su carta, che teneva con sé sul suo letto di dolore. Ma « per lei tutto è cominciato a Lourdes, alla 9ª Apparizione ». E' quanto afferma P. Ravier, che ha studiato a fondo la psicologia spirituale di Bernadette. Anche se « i santi non dicono tutto », le sue ricerche portano a pensare che la scoperta del mondo dei peccatori, il giorno in cui si lava con l'acqua sporca e ripugnante della sorgente, abbia avviato quel cammino di « compassione » che Bernadette non lascerà più. « L'uomo del dolore », vittima del peccato, è presente nella sua preghiera. « Ah ! Se i peccatori sapessero », sospira un giorno.

Don Peyramale, divenuto Mons. Peyramale, il « parroco delle Apparizioni », è molto caro a Bernadette. Le scenate d'un tempo sono dimenticate. Del resto, è noto come lui stesso reagì energicamente quando si voleva far passare per folle, e quindi internare, la veggente : « Dovranno passare sul mio corpo prima di torcerle un capello ». E le autorità ne tennero davvero conto. Da allora ha sempre sostenuto Bernadette. Si è ridotto allo stremo e ha rovinato la propria famiglia per costruire una chiesa degna della città che, di pari passo col pellegrinaggio, diventa ogni giorno più grande.

Adesso Bernadette apprende anche la notizia della sua morte, sopravvenuta l'8 settembre 1877. Un nuovo dolore, mentre i ricordi si allontanano.

Continua, però, a preoccuparsi per la sua famiglia. Soffre per la sorella Toinette che perde i figli uno dopo l'altro. Ha paura che i fratelli non imbocchino la buona strada nella vita. Ha paura soprattutto di quel denaro che continua ad affluire a Lourdes assieme ai pellegrini. « Basta che non si arricchiscano... dite loro di non arricchirsi », raccomanda ad un sacerdote che va a visitare la sua famiglia.

E poi ci sono sempre queste richieste insistenti di gente che vuole vederla, che vuol parlarle, che la vuole coinvolgere nelle proprie storie e in quella di Lourdes, che gli scrittori si contendono, dimenticando forse quanto lei stessa ha detto : « Lo scritto più breve sarà il migliore ».

Quando viene richiesta in parlatorio « bisogna, per così dire, trascinarcela » e ricorda « la promessa » di tenerla nascosta nel lontano Convento di Nevers. Tuttavia, finisce sempre con l'acconsentire « per i peccatori, che sono ugualmente fratelli nostri ».

Ma adesso anche tutto questo si fa lontano. Gli ultimi interrogatori e le ultime richieste di uno storico tanto competente quanto accanito, il Padre Cros, la riducono allo stremo. Fa togliere dalla sua vista tutte le immagini, salvo il Crocifisso : « sono più felice sul mio letto di dolore con il Crocifisso che una regina sul trono ». E' il momento della nuda passione. Anche la memoria l'abbandona, come sottolinea la superiora.

Un giorno, angosciata, dirà : « E se mi fossi sbagliata » ! Ma non si tratta di una parola di dubbio, bensì d'una suprema prova di purificazione mistica, dove tutto ciò che non è Dio, « totalmente altro », poco a poco s'allontana all'avvicinarsi del grande incontro con Colui « che asciugherà ogni lacrima », « quando lo vedremo così com'é.

Bernadette continua ad andare avanti.

La passione di Bernadette

22

La voglia di scherzare non le è, comunque, passata, come quella volta che, accorgendosi che la suora che l'assisteva non aveva dormito, dice : « Non voglio più saperne di questa suora, voglio delle suore che dormano ». Si lascia pure sfuggire, però, queste parole : « la fine è lunga a venire ».

« Nelle sue sofferenze si è consumata », scrive P. Cros. Don Febvre, l'incoraggiante cappellano che la visita e la sostiene fedelmente, conclude, dopo una terribile enumerazione d'infermità : « Sopporta da due anni la tuberculosi ossea, cosicché il suo povero corpo è il ricettacolo di tutte le sofferenze ».

Il periodo che va dal settembre 1878 sino alla Settimana Santa dell'anno successivo (6-13 aprile) per Bernadette è una sofferenza continua. « Quando leggo la Passione - dirà - sono più colpita di quando me la spiegano ». Lei stessa sta rivivendo nella sua carne la Passione di Gesù : non morte stoica di un eroe sottomesso alla dura volontà, ma morte pia e piena d'amore.

Una sua richiesta ricorda il momento in cui a Gesù sulla croce porsero una spugna imbevuta d'aceto : « Cercate fra le vostre medicine qualcosa per aiutarmi. Sono così debole da non poter respirare. Portatemi dell'aceto ben forte per farmi respirare ».

Un'altra sua frase ci dà la misura delle sue sofferenze : « Sono macinata come un chicco di grano ».

Trascorrono i giorni e le notti, interminabili. L'ultimo giorno fa porre sul suo cuore il Crocifisso : non guarda a null'altro. « Adesso sta sulla croce », le dice una suora. « Il mio Gesù ! Oh, come l'amo ! », è la risposta di Bernadette in quel mercoledì di Pasqua. 21 anni prima, la fiamma del cero aveva lungamente lambito le sue mani senza bruciarle.

Ora è il momento di passare in quel mondo dove cessa ogni dolore e dove « Dio asciugherà ogni lacrima ». Verso le 3 del pomeriggio, l'ora della morte di Cristo, Bernadette lancia un grido tendendo le sue braccia incrociate : « Dio mio » !

Poi, si unisce alla preghiera delle compagne e ripete per due volte : « Santa Maria, madre di Dio, prega per me peccatrice ». Ha talmente amato i poveri peccatori che lei, innocente, si è immedesimata in loro nell'ultima preghiera.

Uno sguardo intenso supplica l'aiuto di quella suora che aveva promesso « d'aiutarla a ringraziare sino alla fine ». Poi fa un gesto espressivo che significa : « Ho sete ». Beve un piccolo sorso e, reclinato il capo, muore dolcemente.

Il Cristo della professione di Bernadette

Il corpo di Bernadette

Quando Bernadette muore all'età di 35 anni, il mercoledì 16 aprile 1879, la notizia si sparge in un lampo.

Da Nevers e da tutte le regioni affluisce gente al Convento di S. Gildard per vedere e venerare colei che era arrivata 13 anni prima « per nascondersi », credendo di farsi dimenticare.

Invece, non c'è alcun dubbio che una moltitudine di persone porta nel cuore la piccola fanciulla di Lourdes.

Bisogna organizzare una sfilata interminabile davanti alle spoglie mortali e i giornali dell'epoca descrivono il fervore e il raccoglimento della folla. Occorre anche richiedere il permesso delle autorità civili per lasciare il corpo esposto per tre giorni, dato che la folla è molto grande.

Lo scrittore Zola riporta che « Lasserre l'ha vista morta e dice che era molto bella ».[1]

Infine, il sabato 19 aprile il corpo è « rinchiuso in una doppia urna, di piombo e di quercia, che viene sigillata in presenza di testimoni che redigono un verbale ». Questo documento viene firmato dall'Ispettore Decraine e dagli agenti di polizia Saget e Moyen. Il corpo è inumato in una piccola cappella del giardino dedicata a S. Giuseppe. « Mio padre S. Giuseppe », diceva Bernadette.

Ma la storia non finisce qui. Più gli anni passano, più il ricordo di Bernadette, lungi dall'allontanarsi, si fa vivo. Le si attribuiscono dei miracoli e si parla sempre di più della santità di colei che ha voluto essere « come tutti ».

Il Vescovo di Nevers non può più restare indifferente.

1 : Laurentin, « Vita di Bernadette ».

Prima esumazione

Nel 1909, 30 anni dopo la morte, il « Processo », o meglio l'Inchiesta sulla fama di santità di Bernadette, esige il « riconoscimento del corpo ».

Il 9 settembre, alle 8.30 un gruppo di autorità è riunito nel giardino di Nevers. C'è il Vescovo, Mons. Gauthey, qualche prelato, qualche superiora delle religiose del Convento, i medici legali Dott. Jourdan e Davin, il sindaco di Nevers con il suo vice per le formalità legali.

Qualche frase dei medici legali riassume bene gli aspetti più evidenti. Ecco qualche passaggio :

« Non si sentiva alcun odore. Il corpo era vestito degli abiti del suo ordine, che erano umidi. Solamente il volto, le mani e gli avambracci erano scoperti.

La testa reclinata a sinistra, il volto di un pallore opaco ; la pelle aderente ai muscoli e i muscoli ben attaccati alle ossa. Le palpebre incavate ricoprivano gli occhi. Le sopracciglia erano attaccate alle arcate sopracciliari e aderenti alla pelle, così come le ciglia della palpebra superiore destra. Il naso era pergamenato e affilato. La bocca leggermente socchiusa lasciava intravedere i denti ancora attaccati. Le mani, incrociate sul petto, perfettamente conservate e con le unghie intatte, stringevano ancora un rosario consumato dalla ruggine. Si potevano vedere sugli avambracci i rilievi delle vene ».

Le suore lavarono il corpo, che fu nuovamente inumato.

Seconda esumazione

Nel 1913, Roma rilascia l'autorizzazione per proseguire la Causa di Beatificazione e Canonizzazione di Bernadette, ma la guerra del 1914 - 1918 ferma tutto. Il 3 aprile 1919 ha luogo una nuova esumazione alla presenza del Vescovo, Mons. Chatelus, del Commissario di polizia, delle autorità municipali e dei membri del tribunale ecclesiastico. Due medici legali, il Dott. Talon e il Dott. Comte, sono incaricati di esaminare il corpo.

Dopo aver redatto immediatamente, ciascuno in un ufficio separato, il loro rapporto, constatano che i testi riportano sostanzialmente le stesse cose e concordano con il verbale medico redatto dieci anni prima, in occasione della prima esumazione.

Terza esumazione

Nel 1923, il Papa riconosce « l'eroismo delle virtù » di Bernadette : sarà proclamata Beata.

Il 18 aprile del 1925, 46 anni dopo la morte, il corpo viene di nuovo esaminato. Assieme al Vescovo di Nevers e ai rappresentanti del tribunale ecclesiastico, ci sono il commissario di polizia Mabille, il Sig. Bruneton, rappresentante del Sindaco di Nevers, e i due medici esperti, il Dott. Toulon e il Dott. Comte, chirurgo. Ecco come quest'ultimo descrive ciò che lo ha particolarmente incuriosito :

« Ciò che mi ha colpito in quest'esame è senz'altro la perfetta conservazione dello scheletro, delle membrane muscolari, dei legamenti e della pelle, l'elasticità e il tono muscolare e, soprattutto, le sorprendenti condizioni del fegato dopo 46 anni. Questo organo estremamente deteriorabile e molle avrebbe dovuto decomporsi assai rapidamente oppure calcificarsi e indurirsi. Invece, quando è stato tagliato, era di una consistenza molle e pressoché normale. L'ho fatto notare agli assistenti, che hanno dichiarato che il fatto non può essere d'ordine naturale ».

Il 18 luglio, il corpo di colei che sta per essere proclamata « Beata » viene posto nell'urna di vetro, dove è tutt'ora possibile contemplarlo, entrando nella cappella delle Suore di Nevers. La Chiesa non dichiara che questa straordinaria conservazione del corpo è un miracolo propriamente detto. Malgrado i numerosi dubbi di carattere scientifico, può darsi che un giorno si arrivi a dare una spiegazione.

Noi tuttavia, potremmo leggervi un ulteriore segno evangelico. Bernadette, che ha irradiato il Vangelo con tutta la vita e il cui corpo ha conosciuto, come quello del Cristo, la povertà, la fatica, il dolore, fino alla morte a Sainte-Croix, ora riposa, ma come una fanciulla che si risveglierà . E' la speranza della vita eterna, sulla quale il Vangelo si apre con la Risurrezione di Gesù e che Bernadette ci ricorda.

Una reliquia del suo corpo è conservata a Lourdes e viene portata in processione nei grandi anniversari.

Fac-simile del rapporto del medico Talon

« Ci sono ancora dei miracoli a Lourdes » ?[1]

La notizia che a Lourdes ci fossero state delle guarigioni prodigiose s'era sparsa già prima della fine delle Apparizioni.

Il 1° marzo 1858, Catherine Latapie aveva immerso il suo braccio, paralizzato a causa d'un incidente, nell'acqua della sorgente ed era improvvisamente guarita.

C'era stato poi il caso di Louis Borriete, un tagliatore di pietre. Venti anni prima, l'esplosione d'una mina aveva ucciso il fratello Joseph mentre lui era stato atrocemente ferito e aveva perduto un occhio. Sempre nel mese di marzo del 1858, aveva riacquistato la vista, dopo aver lavato l'occhio perduto con l'acqua della Grotta portatagli dal figlio.

Sono i primi due miracoli riconosciuti dalla Commissione, che era stata appositamente istituita per studiare il fenomeno di Lourdes. Questa commissione ne riconoscerà in tutto sette su un totale di 35 casi sottoposti ad esame. Il lavoro venne svolto sotto la responsabilità del Prof. Vergez della Facoltà di Medicina di Montpellier.

Da quel tempo, l'analisi delle guarigioni si è perfezionata e organizzata. L'**Ufficio Medico** riceve nello stesso Santuario le dichiarazioni di guarigione e verifica se si tratta di casi seri, che meritano un approfondimento.

Tutti i medici, credenti o no, possono consultare i dossier. Sono 15 000, di numerose nazionalità, a far parte dell'**Associazione Medica Internazionale di Lourdes.** Quando l'**Ufficio Medico** lo giudica opportuno, la guarigione è proposta all'esame del **Comitato Medico Internazionale di Lourdes,** composto da una trentina di specialisti, che studieranno a fondo il caso. Fino ad oggi, i medici hanno riconosciuto 2 500 « guarigioni che non hanno spiegazione ». **Il lavoro dei medici si ferma qui.**

A questo punto l'autorità religiosa, il Vescovo della diocesi alla quale appartiene la persona guarita, indice un'indagine per capire se questa guarigione può essere ritenuta come **opera di Dio**, cioè miracolosa, e di conseguenza esser proposta come un **SEGNO** agli uomini di buona volontà.

Fino ad oggi la Chiesa ha ufficialmente riconosciuto **65 miracoli** attribuiti all'azione di Dio per intercessione di Nostra Signora di Lourdes.

L'ultima dichiarazione di miracolo, dopo più di 12 anni d'indagini mediche e religiose, ha avuto luogo il 28 giugno 1989. Si tratta di Delizia Cirolli, affetta da un cancro all'età di 11 anni e subitaneamente guarita dopo il suo passaggio a Lourdes nel 1976. Divenuta oggi la Signora Costa, Delizia continua a venire a Lourdes come infermiera.

---

1 : E' il titolo del miglior libro attualmente in circolazione sul problema.

(3)

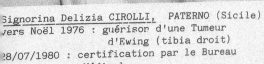

Signorina Delizia CIROLLI, PATERNO (Sicile)
vers Noël 1976 : guérison d'une Tumeur
                d'Ewing (tibia droit)
28/07/1980 : certification par le Bureau
            Médical
26/09/1982 ; confirmation par le Comité
            Médical International de Lourdes

(4)

L'itinerario del pellegrino

Come milioni di tuoi contemporanei, hai lasciato tutto. Oggi non sei atteso in fabbrica o nei campi, in ufficio o al negozio. Non ci sono delle commissioni da fare, né delle faccende di casa da sbrigare. Sei libero per poter puntare all'essenziale, percorrendo l'itinerario del pellegrino.

Dai quattro punti cardinali

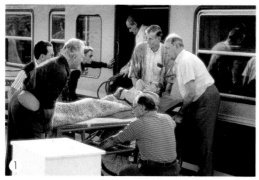

1 - 2 : Arrivi alla stazione

3 : Accoglienza dei malati all'aereoporto

4 : Le Basiliche e i Pirenei

Pianta dei santuari

Per l'accoglienza

Informazioni

Ci sono degli Uffici per i singoli o per i gruppi, con dei volontari che parlano diverse lingue e che sono pronti a darvi ogni informazione necessaria. E' possibile anche vedere gratuitamente un montaggio audiovisivo, che esiste in 80 lingue.

« Benvenuti ! »

◀ Accoglienza - Informazioni

Al servizio degli ammalati

Qui i malati sono a casa loro : ogni anno ne passano circa 70 000. Medici infermieri, barellieri... si mettono volontariamente al loro servizio, pagando addirittura le spese del proprio soggiorno. A Lourdes si paga per servire !

Vicino alla Grotta due centri d'assistenza ospedaliera. Ce ne sono altri sette in città.

◀ Al servizio d'un ammalato

L'Ufficio Medico

Luogo d'incontro dei medici. Le guarigioni sono esaminate con molta cura. Una serie di vetrine presenta un certo numero di guarigioni e di miracoli riconosciuti. Vengono regolarmente organizzate delle conferenze (consultare i manifesti).

◀ Ufficio Medico

I Giovani a Lourdes

Ne vengono più di 400 000 ogni anno. Ad essi Lourdes offre diversi punti d'accoglienza, delle celebrazioni speciali ed un Campo dove poter alloggiare.

Il campo dei giovani ▶

I Poveri a Lourdes

Perché tutti abbiano la possibilità di venire da Bernadette, la povera :
Un Ufficio del Soccorso Cattolico e la « Cité Secours Saint-Pierre » hanno questa missione.

La Cité Secours Saint-Pierre ▶

Pellegrini d'un giorno

In Estate (Luglio - Agosto - Settembre) è possibile ogni giorno percorrere l'itinerario del pellegrino, grazie a dei volontari, seminaristi e sacerdoti, che sono a vostra disposizione. L'appuntamento con loro è sotto la statua della Vergine Incoronata alle 9 del mattino.

Buon pellegrinaggio !

La Vergine Incoronata ▶

Per la preghiera silenziosa

Alla Grotta

E' il momento per raccogliersi
« Voglio che si venga qui », ha detto Nostra Signora
Le prime messe si succedono in tutte le lingue al mattino.

Qui Giovanni Paolo II ha voluto sostare a lungo in silenzioso raccoglimento, al suo arrivo a Lourdes il 14 agosto 1983.

Qui, davanti alla nera roccia, ricordiamo che la « piccola donna » di Bernadette, l'Immacolata, è venuta sorridente incontro alla povertà del *Cachot*. Allo stesso modo, Dio viene incontro alla nostra povertà.

Qui è bello pregare.

Alla Cripta

Nella Cripta, costruita sopra la Grotta, ha pregato la stessa Bernadette. Possiamo ammirare l'Ostensorio del Santissimo Sacramento offerto da Giovanni Paolo II. Nel triangolo di cristallo, segno della Trinità, l'Ostia è poggiata sui rami secchi d'un tralcio di vite, ricordo del Cristo che ha dato la vita per noi.

La Cripta - Nel riquadro : l'ostensorio ▼

La Basilica Superiore

La Basilica Superiore (dell'Immacolata Concezione) è la « cappella » richiesta da Nostra Signora, costruita sulla Cripta. A testimonianza del fervore iniziale, si vedono incisi sul marmo e dipinti sulle vetrate i racconti delle Apparizioni e delle prime guarigioni. E' stata inaugurata nel 1876 (visitare da sinistra a destra).

Interno della Basilica Superiore ▶

La Basilica del Rosario

La Basilica del Rosario , con la sua caratteristica corona, è stata inaugurata nel 1901, dopo aver constatato che ormai la Basilica Superiore era troppo piccola. Visitando da sinistra a destra, splendidi mosaici illustrano in quindici cappelle i misteri del Rosario.

1 - 2 : Interno della Basilica del Rosario ▶

La folla e le basiliche ▶

La Basilica di San Pio X

La Basilica di San Pio X (la Basilica sotterranea), è stata inaugurata nel 1958, per il centenario delle Apparizioni. La sua costruzione fu necessaria per accogliere le folle sempre più numerose. E' una delle chiese più grandi del mondo (25 000 posti). E' qui che tutti i mercoledì e le domeniche, nella stagione dei pellegrinaggi, viene celebrata alle 9 la Messa internazionale, momento culmine dei pellegrinaggi.

Interno della Basilica di S. Pio X ▶

La Chiesa di Santa Bernadette

I pellegrini provenienti dal mondo intero si son fatti sempre più numerosi. Ogni anno sono più di 5 milioni. Per questo è stato ancora necessario costruire. La Chiesa di Santa Bernadette, di stile moderno, risponde con i suoi 5 000 posti alla sempre più grande esigenza d'ospitalità e d'incontro.

E' stata costruita sul posto da dove Bernadette ebbe l'ultima Apparizione, avendo allora la Polizia impedito l'accesso alla Grotta.

1 - 2 : Interno della Chiesa di Santa Bernadette ▶

La Via Crucis

Quindici stazioni monumentali, che ne fanno qualcosa di unico al mondo. Itinerario indispensabile per cogliere il Messaggio di Lourdes, un invito alla conversione, che ci viene dalla Passione d'amore che Gesù, Figlio di Maria, ha voluto vivere sino in fondo, per noi fratelli suoi.

Qui acquista senso pieno l'acqua della Grotta. E' il sangue di Cristo che purifica e fa vivere. L'uomo è sempre alle prese col mondo della violenza, dell'odio, dell'egoismo, della viltà...

« Scegliamo col Cristo il campo dell'amore » (Giovanni Paolo II).

1ª Stazione

E Pilato
disse loro :
« Ecco l'uomo ! »

2ª Stazione

Gesù caricato della croce.
« La mia vita nessuno me la toglie, ma la offro da me stesso. »

3ª Stazione

La prima caduta di
Gesù.
Non è venuto verso di
noi come
un superuomo,
ma si è fatto nostro
fratello.

4ª Stazione

Gesù e la Madre.
Uno stesso sentimento,
quello dell'offerta.

5ª Stazione

Gesù aiutato dal
Cireneo.
Gesù accetta d'essere
aiutato.
E noi ?

6ª Stazione

Gesù asciugato
dalla Veronica.
Dietro un volto sfigurato,
c'è il volto di Dio.

7ª Stazione

La seconda caduta
di Gesù.
Vero atto di coraggio
è saper ricominciare.

8ª Stazione

Gesù e le donne
di Gerusalemme.
« Non piangete su di me,
ma su voi stesse
e i vostri figli ».

9ª Stazione

La terza caduta di
Gesù.
Pietro ha rinnegato Gesù
tre volte e per tre volte
Gesù gli chiede
semplicemente :
« Mi ami tu » ?

10ª Stazione

Gesù è spogliato
delle vesti.
Come un maledetto.
Rinnegato
dai suoi,
sta dalla
parte degli sfruttati.

11ª Stazione

Gesù inchiodato alla
croce.
Per quanti sono ridotti
all'impotenza.

12ª Stazione

La morte per amore.
Perdona i nemici
e il ladrone accanto a lui.
Affida l'umanità e la Chiesa
alla Madre.
Prega con i salmi che annunciavano
il significato di questo giorno.
« Dio mio, Dio mio... », « Ho sete ».
Affida la vita al Padre,
perché ha amato sino alla fine :
« Tutto è compiuto ».
Un soldato gli trafigge
il costato e ne escono sangue ed acqua.

13ª Stazione

Maria
si ritrova
col corpo del Figlio
fra le braccia.

14ª Stazione

Gesù deposto nel
sepolcro.
E´ morto
della nostra morte
per vincere la morte.

15ª Stazione

A Pasqua,
di buon mattino,
il masso è stato rotolato
via.
« Più forte della morte è
l´amore ».

« Bere e lavarsi »

Alle fontane

In atteggiamento di preghiera, possiamo andare alle fontane per bere un po' d'acqua della sorgente e, come Bernadette, lavarci il viso.

Giovanni Paolo II ha tenuto a compiere questi gesti.

L'acqua di Lourdes non è un'acqua magica dai poteri taumaturgici. Dio qualche volta se n'è servito per delle guarigioni sorprendenti, ma essa è soprattutto un segno del Cristo, dal cui costato trafitto scaturirono acqua e sangue per lavarci dal peccato.

E' nel ricordo del Battesimo e nella celebrazione della Riconciliazione (la Confessione) che quest'acqua acquista significato pieno.

Alle piscine

Alle piscine , malati o sani, ogni anno sono più di 400 000 a bagnarsi. Speranza di guarire ? Più ancora desiderio di crescere nella fede.

Alla Cappella della Riconciliazione

Alla Cappella della Riconciliazione come pellegrini autentici rispondiamo al messaggio della Madonna : « Penitenza, Penitenza, Penitenza » (8ª e 9ª Apparizione). All'esterno della Cappella c'è una statua del Curato d'Ars, che consacrò tutta la vita all'accoglienza e alla riconciliazione dei penitenti.

La sua collocazione all'inizio e alla fine della Via Crucis appare così molto logica.

1 : La Sorgente   2 : Attesa alle piscine
3 : La Cappella della Riconciliazione

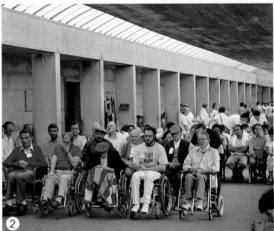

I grandi momenti di Lourdes

Sul grande piazzale

Sul grande piazzale, i pellegrinaggi fanno le loro celebrazioni con gli ammalati, davanti alla statua della Vergine Incoronata.

Sul prato

Sul prato di fronte alla Grotta, si raduna per le grandi occasioni la folla.

Come per il **Pellegrinaggio di Giovanni Paolo II**, il 15 agosto 1983.

Erano presenti 300 000 pellegrini. Hanno assistito all'avvenimento anche 800 000 telespettatori.

Celebrazioni

1 - 3 : Sul grande piazzale   2 : Sul prato

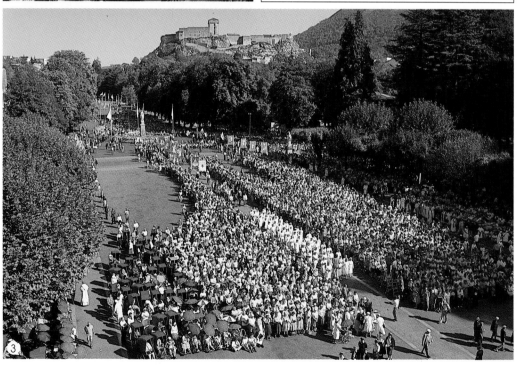

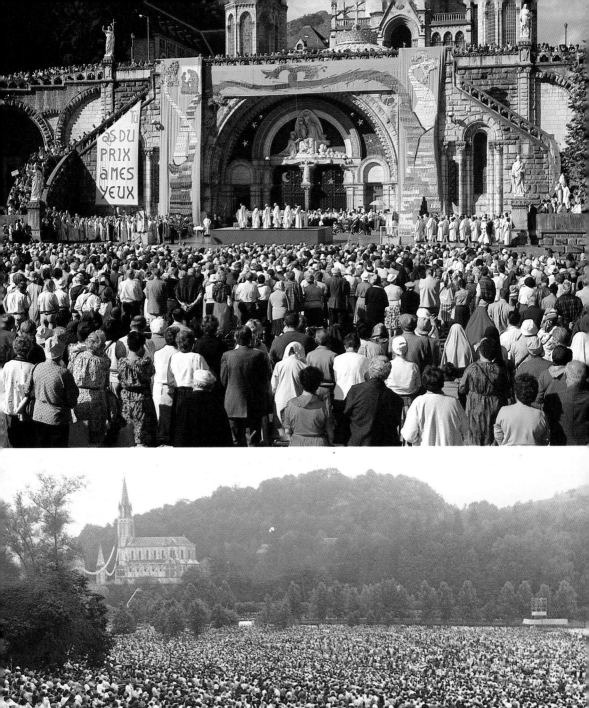

La Processione Eucaristica

Ogni giorno, alle 16.30, l'imponente Processione Eucaristica con la Benedizione degli ammalati.

1 - 2 - 3 - 4 - 5 - 6 : La Processione Eucaristica

le CORPS du CHRIST

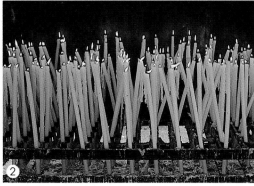

La Grotta di notte

I ceri, il tuo e quello di milioni di pellegrini, continueranno a bruciare, giorno e notte, d'estate come d'inverno. Dicono a Dio e a Nostra Signora la nostra fede ed il nostro amore.

Nella notte del mondo, Lourdes resta con la lampada accesa.

1 - 2 - 3 : Ceri di notte - 4 : Assemblea davanti alla Grotta

La fiaccolata

Tutte le sere, la caratteristica fiaccolata invade di luce i Santuari.

La « Luce di Cristo » ha illuminato e riscaldato il cuore del pellegrino tutta la giornata. E' il momento per ricordare che nella notte del mondo, a volte così dura, il cristiano è chiamato ad essere questa luce.

Ed esplode la gioia di ritrovarsi insieme come fratelli.

Non si viene qui per fuggire dalla realtà, ma per saperla leggere « diversamente ».

Dirigia

Perché la fede dia luce alla nostra Vita

Centro « du Lac » : per dar luce al nostro vivere quotidiano

Centro « per la Famiglia »

Centro « per gli Handicappati » : se siamo stati toccati dalla sofferenza

Centro « delle voc⟨...⟩ni » : per aiutarci a ⟨...⟩prire la nostra strada

Centro « de la Vie M⟨...⟩tante » (Vita in Cresc⟨...⟩per vivere bene l⟨...⟩età

Alcuni Centri (Pavillons) ci aiutano a riflettere, a dialogare e ad incontrarci con i fratelli, perché l'esperienza di Lourdes ci sia di stimolo anche dopo.

questi centri

Per meglio comprendere la vita dinamica della Chiesa

▲

entro dell'Ecumenis-
» : per l'unità dei
iani

il « Movimento
caristico dei Giova- ►

ntro « Legio Mariae »
eremo un nuovo
amismo apostolico

▼

▲

« Pax Christi » : per essere operatori di pace

L' « Esposizione Missio-
naria » ci farà conosce-
re l'azione dei cristiani in
tutto il mondo

▼

Ed ora, come Bernadette, ripartiamo verso la città degli uomini e facciamo sì che la nostra vita parli.

« Vada a dire... » - ha detto la Madonna a Bernadette. E Bernadette dirà : « Non sono incaricata di farvelo credere. Sono incaricata di dirvelo ».